Golf Swing Bible Shot Control Edition

内藤雄士の本当に大事なゴルフの基本

打[illegible]TROL編

河出書房新社

Golf
Swing Bible
Shot Control
Edition

内藤雄士の本当に大事なゴルフの基本 打球CONTROL編 CONTENTS

Chapter 1 スイングの始動とバックスイング

Chapter 2 スイングの折り返し点 トップ・オブ・スイングと切り返し

Chapter 4

打った後も疎かにしない！ フォロースルー&フィニッシュ

Golf Swing Bible Shot Control Edition

第1章

CHAPTER 1

スイングの始動とバックスイング

ゴルフスイングを習得するには、スイング理論を理解する必要があります。スイングは物理学や運動生理学で説明できる科学的な現象なので、ボールをどのようにとらえるのか、それにはどうなっていればいいのか、を知らなければいけないというわけです。型や動作は副次的なものですが、根本を理解することは不可欠。この章から順にその根本部分を学んでいきます。

Shot Control
スイング

打球をコントロールするには正しい理論の吸収からスタート

ゴルフのスイングは「何とか理論」とか「何とか打法」など、時代ごとに流行の理論が出回っていて、色々な打ち方などを解説したレッスン書も多く見られます。しかし、**理論が変わっているように思えても、実はスイング論の枝葉に当たる部分が少し変わっているだけで、根本となる部分はほとんど変わっていません。**

私は学生時代からベン・ホーガンの『モダン・ゴルフ』などの書物を通して、ベン・ホーガンの時代から変わっていないスイング理論を勉強してきました。今はさまざまなメディアでスイングについて解説をさせて頂いていますが、その内容は「内《ない》藤《とう》打法」ではな

スイング理論さえ正しく理解できれば、打球をコントロールできる。とりわけ大人になってからゴルフを始めた人は、理論を覚えることが上達の近道となる

く、私が考え出した理論でもありません。つまり、私が勉強してきたことや昔から語り継がれているスイング理論を私なりに解釈し、一般のアベレージゴルファーの皆さんに、より理解しやすく、上達にも必ずつながるだろうと思える事柄を語っているだけです。

ゴルフスイングは、あくまでも「理論」です。理論さえ正しく理解すれば、絶対にゴルフがうまくなります。**とくに打球をコントロールするには、理論を覚えることが上達のいちばんの近道といえます。**もちろん私のように人に教えるにあたって理論を熟知するには時間がかかりますが、基本的な理論を覚えるのに時間はかかりませんし、むずかしいことでもありません。スイング論の核心を見極めれば必ず上達できるのです。

枝葉の部分はスイングの場合「微調整」といえる部分。核心ではありませんから、そこだけに焦点を当てて練習に励んでいると、上達の妨げになるケースが少なくないのです。

昔から変わっていないスイングの核心に目を向けよう

時代ごとにさまざまな理論や色々な打ち方が現れているが、これは理論自体が変わっているのではなく枝葉の部分が少し変わっているだけ

Shot Control

スイング

理想のスイングはトッププレーヤーのスイングから導き出された〝統計〟

スイングのレベルアップを図るうえで、目指すべきスイング像とは何かといえば、トッププレーヤーたちのスイングから導き出された「統計」。多くのトッププレーヤーのスイングを客観的に分析し、その大多数が満たしている要素が正解であり、当てはまらない要素が間違いになります。誤解を恐れずにいえば、ゴルフスイングについて「なぜそうすべきか」という問いの答えは、**「うまい人がそうなっているから」**にほかなりません。これは〝球聖〟ボビー・ジョーンズの時代から連綿と磨き上げられてきた技術の結晶なのです。

「うまい人のスイングがそうなっている」のには合理的な理由があります。ゴ

スイングを客観的事実として知ることが習得の第一歩

トッププレーヤーたちのスイングを客観的に分析し、その大多数が満たしている要素は正解であり、彼らのスイングに当てはまらない要素が間違いである

ルフが地面に止まったボールをゴルフクラブで打つスポーツである以上、細部は変わっても根幹にある部分は不変。ベン・ホーガンの『モダン・ゴルフ』がそうであるように、長い年月を経ても、根本にある普遍性が失われることはありません。**打球をコントロールするために学ぶべきは、普遍的なスイングなのです。**

世界のトッププレーヤーのスイングは、この普遍的な理想的なスイング像に限りなく近い。下のイラストは、そんなスイングを元に作成したものですが、このようなスイングこそ、すべてのゴルファーがお手本とするべきモデルケースです。

真似できるわけない、と考える方がおられるかもしれませんが、理に適った「お手本」は、真似をし、目指すことに大きな意味があります。

まずは下のイラストの1コマ1コマをお手本に、「理想の形」を覚えることから始めてください。最初は細切れでも真似ることでそれらがつながり、流れを持つようになる。これはスイングを学ぶうえで不可欠なステップなのです。

世界のトッププレーヤーのスイングは、普遍的な理想的スイング像に限りなく近く、打球をコントロールするうえでお手本とするべきモデルケースのひとつといえる

バックスイング

右ひじをたたみながら上体を右に回していく

アドレスの状態から体とクラブを右方向に回転させ、トップまで至る過程がバックスイングです。

スイングレッスンでは慣用的にバックスイングを「上げる」という表現を使います。

実際、アドレスの位置よりもクラブが高いところに上がっていきますから、バックスイングではクラブを「持ち上げる」ものと思い込んでいるアマチュアゴルファーが多いと思います。

でも、これは大きな間違い。**前傾角度をキープして回転するのが正しいバックスイング。手元やクラブの位置は高くなりますが、前傾した体の回転とともに動いているだけで、それらを持ち上げているわけではないのです。**

バックスイングの始動は、体とクラブが静止した状態から、自分の力で能動的に動かなければならないという点で、大きなむずかしさを秘めているといえます。

なぜなら、基本的には上体を右方向に回していく動作ですが、それに伴って前腕をローテーションしつつ右ひじをたたみ、手首のコックを入れて、腕とクラブに角度を作っていかなければならないからです。

とはいえ、バックスイングは、正しいダウンスイング、インパクトのための準備動作でしかありません。

そう考えた場合、ダウンスイング等のスピードと慣性の乗った動作よりも、はるかに意識してコントロールしやすい部分であるともいえます。

同時に、バックスイングで悪い動きが入ってしまうと、ダウンスイング以降でその問題点を修正するのは非常にむずかしく、スイングアクションにおけるロスもリスクも大きくなります。

それを避けるためにも、打球をコントロールするためにも、正しいバックスイングを身につけることがとても大事なのです。

ここだけは必ず CHECK

バックスイングは手で持ち上げるものではない

静止状態から能動的に始動する

上体を右方向に回していく動作に伴い、ひじから先の前腕部を右にローテーションしつつ、右ひじをたたみ、手首のコックを入れて、腕とクラブに角度を作る動作も必要になる

Shot Control
バックスイング

右足を踏んだ状態で胸が右に回り出す

バックスイングにおいては、始動の最初の30センチほどの動きがとても重要です。

ここで最初に手を使ってクラブを動かしてしまうとスイング全体が手打ちになってしまいます。

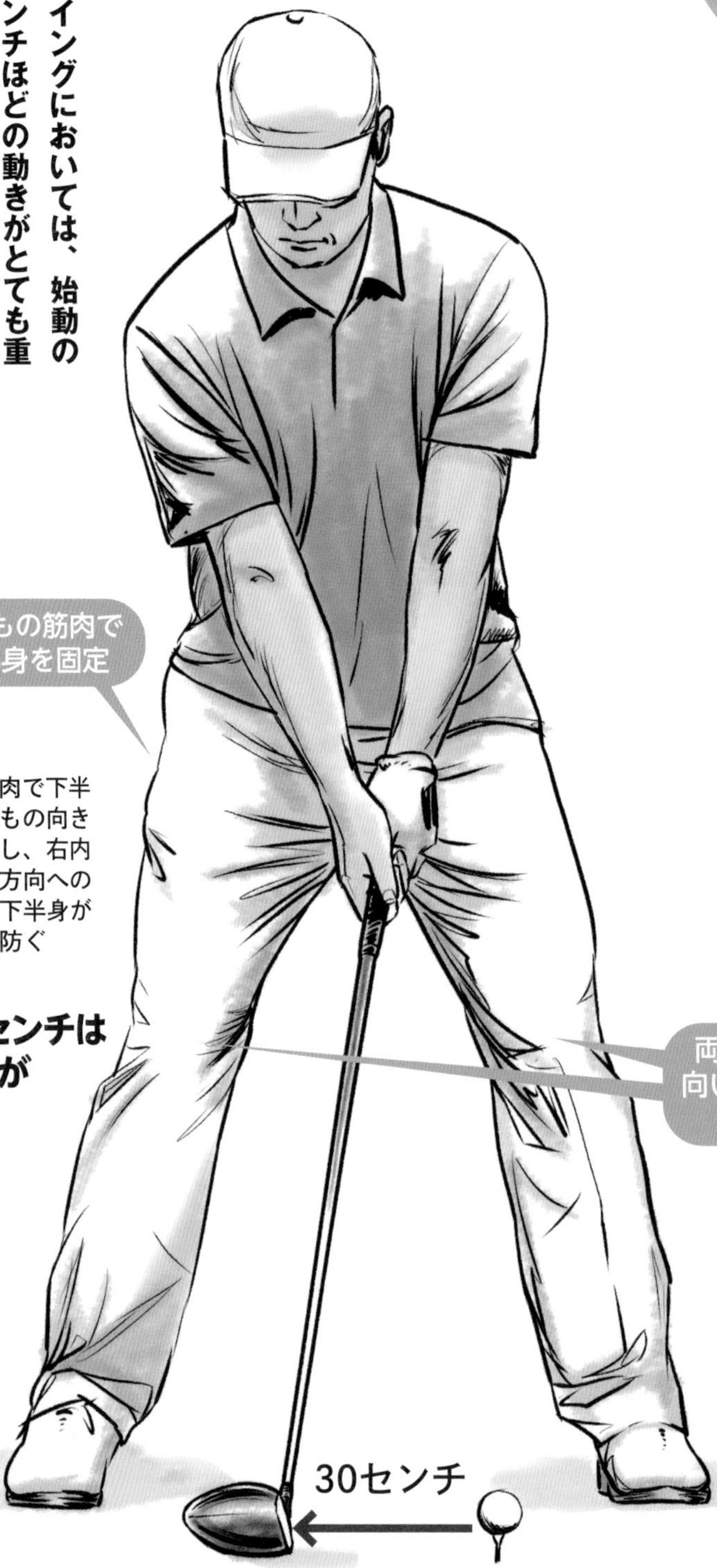
内ももの筋肉で
下半身を固定
太もも内側の筋肉で下半身を固定。太ももの向きを変えずに始動し、右内ももの筋肉で右方向への力を受け止め、下半身が右に流れるのを防ぐ
最初の 30 センチは
手元とヘッドが
真っすぐ動く
両ひざは真正面を
向いたまま動かない
ようにする
30センチ

感覚的な個人差はありますが、**バックスイングの始動は、腕や上体全体を少しだけ右に向けるところから始まります。**

この最初の30センチほどは、手元もヘッドもほぼ真後ろに引き、インサイドに上げないようにします。手が動くのは、上体が右を向いたぶんだけ。両腕と胸の関係が崩れないように、静かに始動してください。

このとき、ひざが真正面を向いたまま動かないようにバックスイングを上げていきますが、人間のひざには筋肉はありません。ですので太ももの内側、バックスイングではとくに右内ももの筋肉で右方向への力を受け止め、下半身が右に流れるのを防ぎます。

バックスイングの始動時に、意識的な体重移動は必要ありません。腕やクラブといった重量物が右に移動したぶん、体の右側が重くなり、右足に多めに圧がかかるというだけ。大事なのは、むしろそれを受け止めてスウェーを防ぐことです。

手元とヘッドを真っすぐ引く
インサイドには上げない

ここだけは必ず CHECK

バックスイングの最初の30センチほどは、手元とヘッドを真っすぐ引く。手が動くのは、上体が右を向いたぶんだけ。静かに始動するのがポイントだ

Shot Control バックスイング

右太ももを正面に向けたまま上体を右に回していく

バックスイングが進行して手元とクラブが高い位置に上がり、上体の捻転が深くなっても、**右太ももと右ひざは正面を向いたままの状態をキープしてください。**

腰は上体に連動する形で少しずつ右に回転し、右の股関節が折り込まれていきますが、**自分から右に回していく必要はありません。**

バックスイングでは、上体が右に回転していきますが、下半身までこれに引っ張られて右を向いてしまっては、上半身と下半身の捻転差が生まれません。

スイングにおいては、バックスイングでできた上下の捻転差がねじり戻る力がもっとも大きなエネルギー源となるので、**バックスイングで下半身をどれだけ我慢できるかは、飛距離を左右する重大なファクターといえます。**

バックスイングで下半身を固定するには、内ももやお尻の筋力が必要です。下半身のトレーニングは、強い捻転に耐え得る土台を作るため、ひいては打球コントロールのために有効なのです。

右足が粘れず流れてスウェーしてしまうと、パワーは貯まらない

ここだけは必ず CHECK

下半身の土台を固めて上体をねじる。右足の太ももの力で、下半身を正面に向けたままキープすることで、上下の大きな捻転差が生まれる

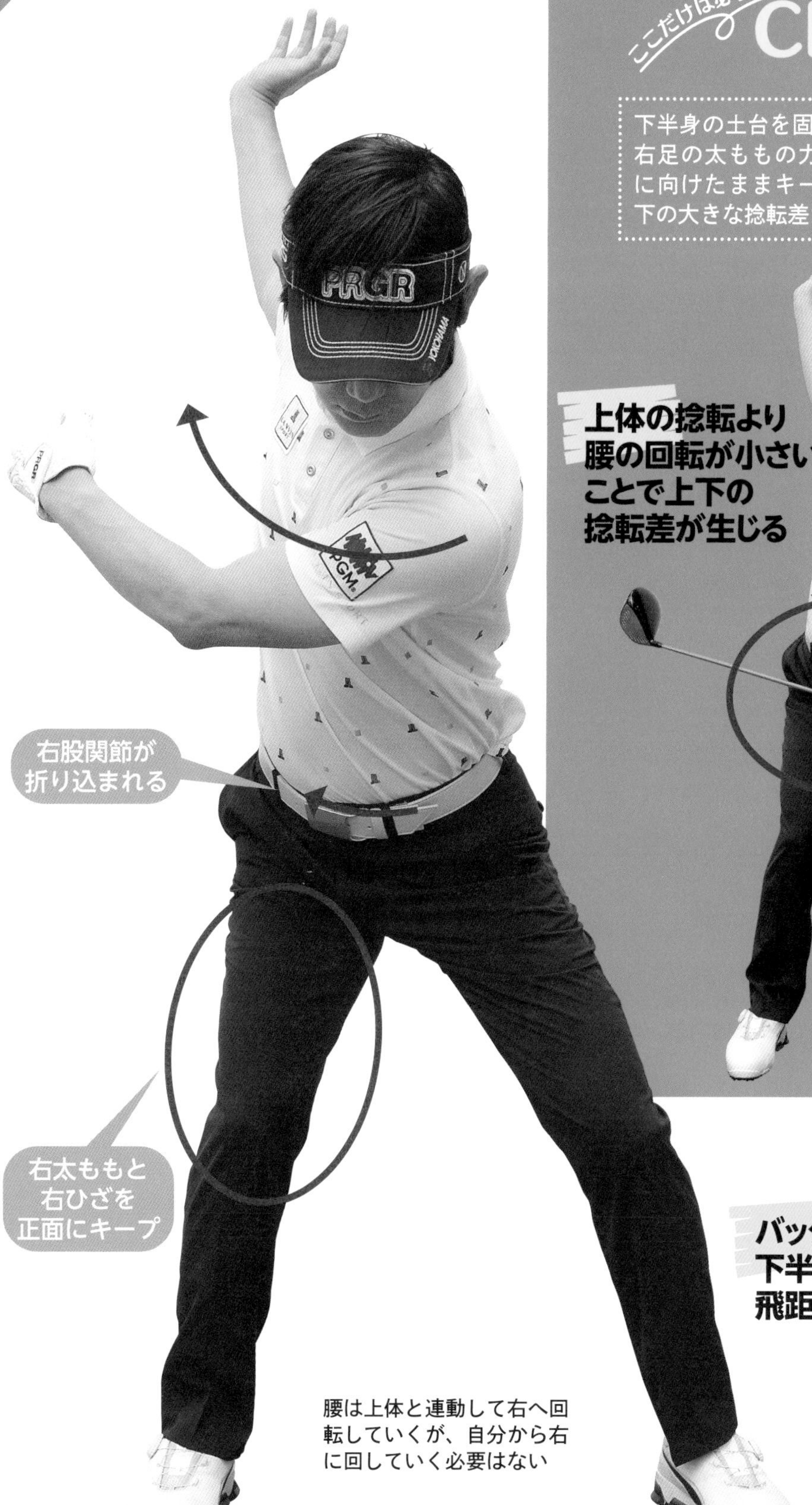

右股関節が折り込まれる
右太ももと右ひざを正面にキープ

腰は上体と連動して右へ回転していくが、自分から右に回していく必要はない

上体の捻転より腰の回転が小さいことで上下の捻転差が生じる

バックスイングでの下半身の我慢が飛距離を左右する

Shot Control バックスイング

背骨と肩のラインを直角に保ったまま回転する

バックスイングでは、**アドレス時の上体の前傾角度をキープしたまま体を回すことが重要です。**

前傾姿勢を保てないと、クラブは理想の軌道から外れ、そのまま振ってもボールに当たりません。また、アジャストして当てようとする動作は、再現性を損ないます。

前傾角度をキープして上体を回すということは、**背骨もしくは胸の前に意識した軸に対して、両肩のラインを直角に動かすということ。**バックスイングでは、左右どちらかの肩が上がったり下がったりしないように注意してください。

ポイントは**肩と首の距離を変えないようにすることです。**

前傾した状態で胴体を軸に肩が回転する以上、アドレス時よりも左肩が下にくるのは当然のことです。あまり左肩を押し込むことばかり意識せず、ある程度肩と首との距離を保つことが重要です。

×
左肩をあごの下に入れようとしすぎると、右肩が上がりやすい

ここだけは必ず
CHECK

アドレス時の背骨もしくは胸の前の軸の傾きを崩さずにバックスイングするには、その軸に対して肩が直角に動くことが大切

**肩と首の距離を崩さず
上体の前傾なりに回転する**

バックスイング時にどちらかの肩が
上がったり下がったりしてはいけない

Shot Control
バックスイング

右ひじを下に向けたまま たたんでいく

バックスイングでは、体の回転に伴って右ひじがたたまれることで、クラブが体の右側に回り込んでいきます。

このときにとても重要なのが、右ひじの向きです。**バックスイング中、右ひじが外を向かないよう、内側に絞り込むようにしながら右ひじをたたんでください。**手元が右肩くらいの高さまで上がったときに、右ひじが真下を向いているのが目安です。

このポジションは意外に窮屈なので、右の肩甲骨周りの可動域が狭い人などは、油断をすると右ひじが外を向きがちです。バックスイングが進行するのに従って体の右サイドのテンションが増し、どんどん締まっていくという認

ここだけは必ず CHECK

右の肩甲骨が下がらずに内側に寄る

×

無理にバックスイングを大きくとると、右ひじが浮く「フライングエルボー」になるなどトップの形が崩れる

識を持ってください。

右ひじを正しい位置に収めつつ屈曲していくには、アドレスで右ひじや右肩が正しいポジションにあることが必要です。アドレスの形が悪く、ひじを下に向けて体の近くにセットできていなければ、バックスイングで右腕を正しく使うのは困難なので、バックスイングの問題が解決できない人は、一度アドレスに戻って関節のポジションをチェックすることも必要なのです。

なお左腕は、基本的にはひじを伸ばしたまま、右ひじの屈曲につられる形で内旋しながら上がっていきます。**手元が右肩くらいまで上がった段階で後方から見たときに、左腕とクラブが一直線になる状態を目安にしてください。**

また手首のコッキングは、こういったひじの屈曲や前腕の回旋などによって自然に起こる動作です。とくに手首をどう動かそうと考えなくとも、腕がスムーズに動いていればコッキングもスムーズに行われるのだということを理解してください。

右サイドが締まりながら上がる

アドレスで右ひじが下を向いていれば、右ひじをたたむだけで自然といいポジションに収まる

Shot Control
バックスイング

骨盤の前傾を保ち 右股関節に真上から乗る

アドレス時の前傾角度を保つうえでも、左右へのスウェーを防ぐためにも重要なのが、バックスイングで右股関節に乗る動作です。

これは、ここまで説明してきたバックスイングの動作とすべて連動しており、この動作ができなければ前傾が崩れ、下半身もスウェーしてしまうともいえますし、反対に下半身をスウェーせずに我慢し、前傾を維持できなければ、右の股関節に乗ることはできないともいえます。

上体を前傾させ、右足に真上から体重をかけた状態で腰を右に回していくと、右股関節が折り込まれ、**右の鼠《そ》蹊《けい》部（脚の付け根）に斜めにしわが寄るのがわかると思います。これが股関節に乗っている状態です。**

ポイントは、骨盤を前傾させていることと、右足に真上から乗ること。いずれにせよ、バックスイングでも、骨盤を前傾させたまま、右足に真上から乗ることが重要です。

骨盤の前傾が保てないと、上体の前傾も崩れてしまいますし、右足に真上から乗れていないと、腰が流れたり引けたりして、いいトップを作ることができず、打球のコントロールを損なうことになります。

股関節上に乗れないと、上体の前傾が崩れたりスウェーするなど、スイングの軸を保てない

ここだけは必ず CHECK

「右股関節に乗る」とはズボンの右股関節部分にしわが寄った状態になること

右股関節に斜めにしわが寄る

前傾を維持しなければならない

骨盤の前傾をキープしたまま
バックスイングしていく

PRGR
PGM
脚の付け根のしわがポイント

右足に真上から荷重したまま
体を回していく

Shot Control
バックスイング

胸の前の空間を潰さないよう手元を胸の正面に置いたまま体を回す

ゴルフスイングの解説などでは、よく「手元が体の正面にキープされている」という表現がなされますが、これはなかなかわかりにくい部分だと思います。

というのも、バックスイングの前半段階、とりわけ手首のコックや右ひじの屈曲が始まる前までは、手元は一切動かず、胴体に対してアドレスの状態がキープされるのですが、実際にはひじがたたまれることによって若干手元は右に動きますし、クラブの重さに引っ張られて動く部分もあるからです。

しかし、多くのプロゴルファーは、意識的に手元を右

バックスイングでは肩と左腕の関係を崩さない

アドレス時の手元と胸の関係を崩さずに回転する

や上に動かす感覚はなく、むしろアドレス時の肩と左腕の関係を崩さずに上体を回そうとしています。

　手元の位置をキープするために重要なのは、左腕で胸の前のスペースを潰さないことです。

　前述のように、実際にはバックスイングの終盤からトップにかけては、腕が惰性で右に引っ張られることによって左肩が深い位置に入るのですが、それはあくまで結果で、プレーヤーが意識して行う動作ではありません。

　ポイントは、左手を体から遠ざけるようにしながらバックスイングすることです。

肩と左腕でできる角度をトップ直前まで崩さずに体を回転していく

ここだけは必ず CHECK

胸の中心と手元の距離をキープする。手元を体から遠ざけるくらいの感覚が必要だ

胸の前の空間を潰してはいけない

手首の動きはひじの動きにつられて自然と起こる

Column 1

細かく説明されることが多いバックスイングの手首の動きですが、ここまで説明した動きが正しくできれば手首は自然と正しく動くので意識して動かす必要はほとんどありません。

というのも、手首は基本的にひじの屈曲・伸展に追従して自然と動くものだからです。

金づちで釘を打ち込む動作を想像してほしいのですが、金づちを上下させる際に自分で動かそうとするのはひじだけ。手首はやわらかくして、ひじの動きと金づちの重さにつられて自然と動きます。ゴルフスイングも、基本的にはこれと同じです。

ただし、手首の動く方向は、グリップの握りによって変わります。金づちをスクエアグリップ的に横から持って使えば、手首の動きはコック中心になります。

一方、ストロンググリップ的に上から握ると、ヒンジ的な動きが多くなるはずです。手首自体を意識して動かす必要はありませんが、この違いは認識してください。

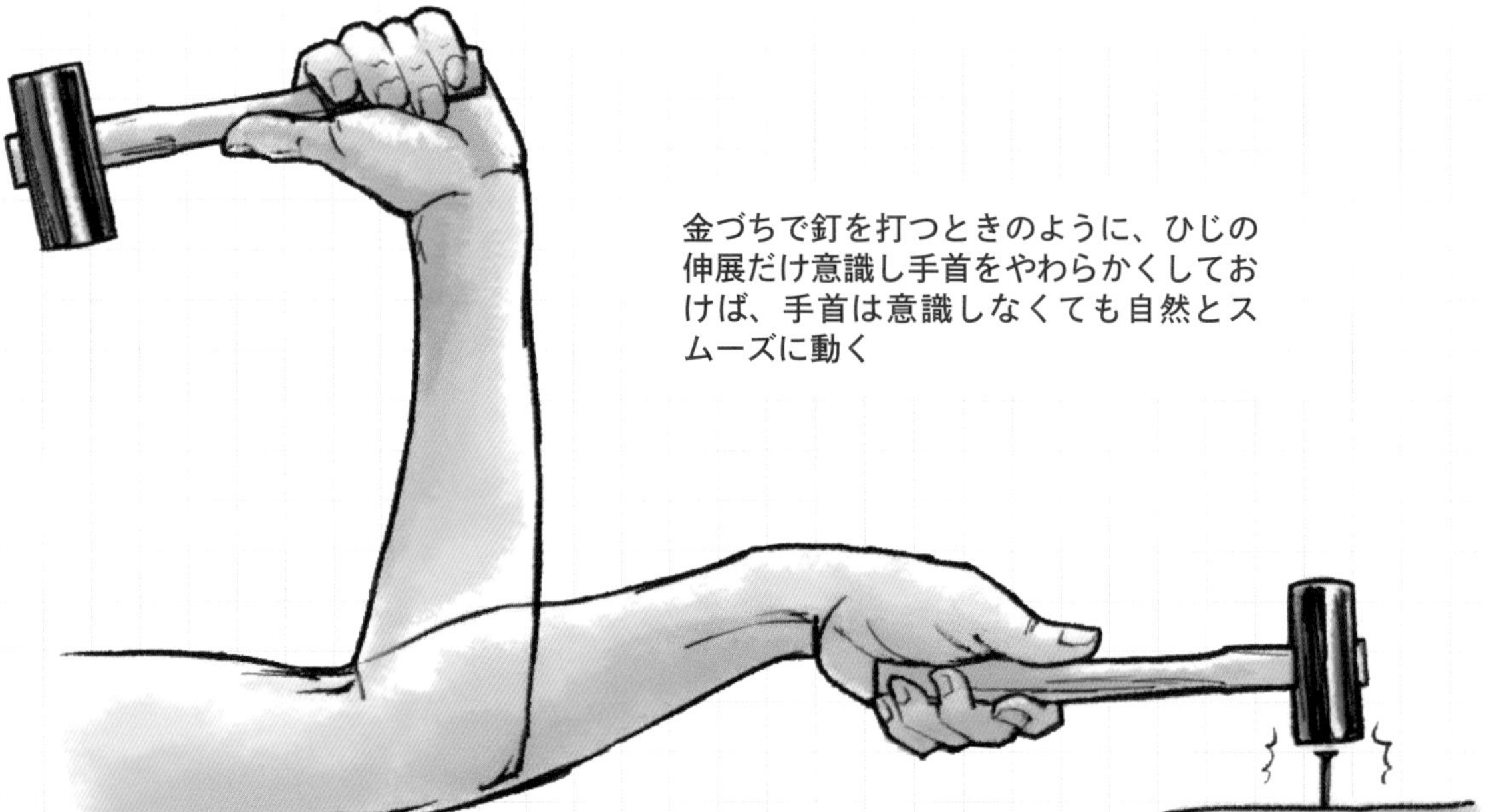

金づちで釘を打つときのように、ひじの伸展だけ意識し手首をやわらかくしておけば、手首は意識しなくても自然とスムーズに動く

第2章

CHAPTER 2

スイングの折り返し点 トップ・オブ・スイングと切り返し

スイングが最高点に達するトップ・オブ・スイングは、パワーを貯める「貯蓄」のポジションであると同時に、切り返し、ダウンスイングへとさらにエネルギーを蓄積するための準備段階です。

切り返しともども意図的に作るのではなく結果的にできるものですが、スイングの折り返し点として両者がいい形になることはとても重要。その前段階であるバックスイングやアドレスの形が適正だったことの証左になるからです。

Shot Control

トップ・オブ・スイング

折り返し点にして最終チェックポイント 手の位置ではなく体の回転量が大事

「トップ・オブ・スイング」は、その名のとおり、スイングのいちばん高い地点。クラブを高い位置に収めて位置エネルギーを確保し、体は深く捻転することでねじり戻りのためのパワーを貯める「貯蓄」のポジションです。

同時にバックスイングで右方向に回転した体とクラブが、逆回転へと方向転換する瞬間であり、右方向への動きの限界点でもあります。一瞬動きが止まったように見えることから、体のポジションをチェックしやすいため、昔から「トップの形」は非常に重要視されてきました。

とはいえ、トップの形にとらわれすぎることにも意味はありません。トッププロにも個性的なトップの選手は数多くい

頭を残して肩を90度回すには、首は肩に対して逆方向に回す必要がある

スイングのいちばん高い地点がトップ・オブ・スイング

個性的でも目的に適っていればOK

て、そういった選手は、その人なりに理に適ったトップの形になっているからです。

トップでは左腕が真っすぐに伸びているのが理想ですが、これは絶対的な条件ではなく、実際、トップで左ひじが曲がっているプロゴルファーもめずらしくありません。

左ひじが曲がることを嫌がるのは、ひじの屈曲でクラブの運動量を増やし、上体の捻転を代替した結果、捻転量が不足しやすいため。つまり、深いトップを作った「つもり」になり、手打ちをごまかすことにつながるからです。

大事なのは、上体の捻転量。柔軟性などによって個人差はありますが、アドレスから肩が90度回って胸が目標の反対方向を向いている状態をひとつの基準としてください。

正しいトップを作るためには、やはり手先で主導してクラブを「上げる」バックスイングではなく、しっかりと上体を捻転させていくことが重要なのです。

ダウンスイングの準備段階でエネルギーを貯めるポジション

胸が目標の反対を向くまで上体を捻転する

左ひじを曲げてクラブを「上げる」ことで捻転不足をごまかすと手打ちになる。肩をしっかり回すことが重要

Shot Control

トップ・オブ・スイング

下半身の粘りを使って大きな捻転差を作る

　トップポジションにおける上体の捻転と深くかかわってくるのが、下半身の粘りです。

　下半身が上半身と一緒に右に回転してしまうと上半身と下半身に捻転差が生まれないためパワーが貯まりません。腰の回転量を肩の回転量よりも小さく抑えることで、上半身と下半身に捻転量の差が生じ、ダウンスイングでそれがねじり戻る力として使えるのです。

　トップで肩が90度回っていれば、腰は45度くらいがひとつの基準になります。この差が大きいほどパワーが貯まるということになります。

　大きな捻転差を生むには、バックスイングからトップにかけて下半身は一切右に回さず、アドレスの状態のまま我慢するくらいの感覚が必要です。

　前述したように、右ひざと右太ももの向きがアドレス時と変わらないようにし、右股関節上に乗って上体を捻転していく。その結果、トップでは腰が45度くらい右を向く。自分で腰を右に向けようとしても、このポジションは作れないことを覚えてください。

　なお、柔軟性が低下して深いトップが作れない方についてはこの限りではありません。左足のかかとを浮かせるヒールアップなどを使って、下半身のテンションを少しゆるめることで、上体の捻転量を稼ぐという考え方もあります。

　ただし、その場合であっても腰まで上体と一緒にルーズに回ってしまうわけではないので注意が必要です。

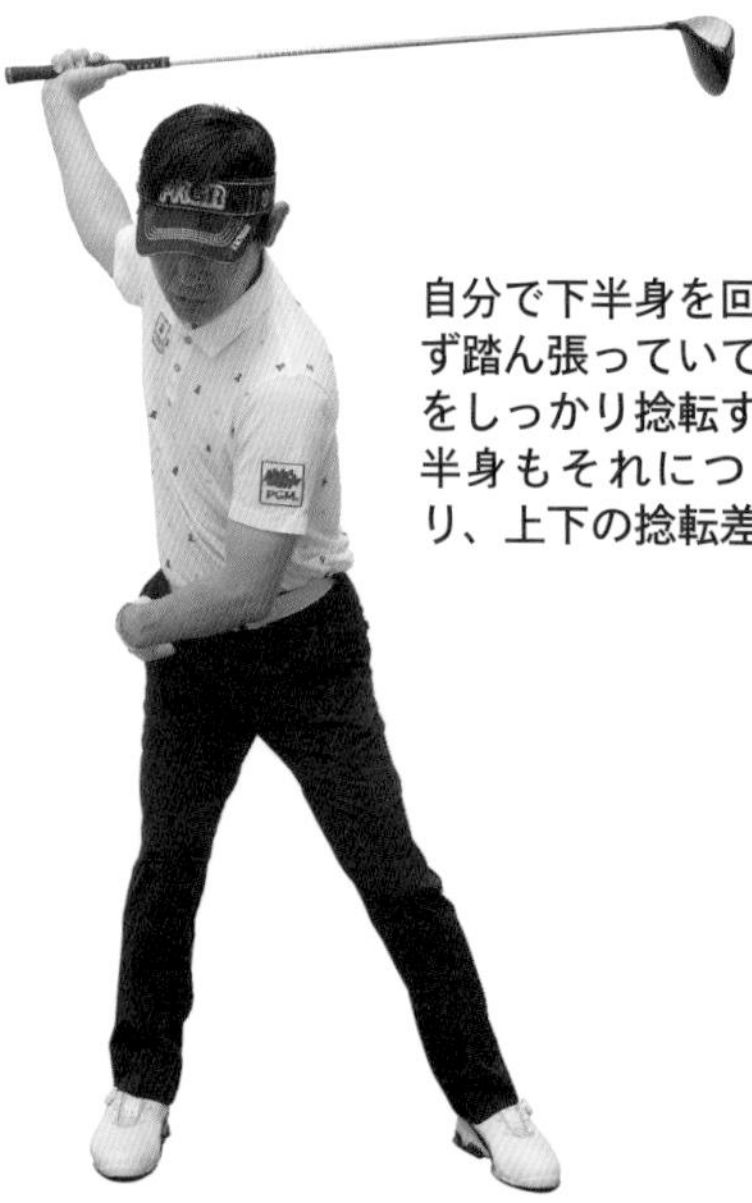

自分で下半身を回そうとせず踏ん張っていても、上体をしっかり捻転すれば、下半身もそれにつられて回り、上下の捻転差が生じる

たとえばトップで肩が 90 度回れば、腰は 45 度くらい回るのがひとつの目安。体の柔軟性が低い人はできる範囲で

ここだけは必ず CHECK

左足のかかとのヒールアップなどを使って上体の捻転量を稼いでもいいが、腰がルーズに動いてはいけない

右太ももは
正面に向けておく
肩の捻転量よりも腰の捻転量が小さいことが大事
右ひざと太ももを正面に向けたままキープする

Shot Control

トップ・オブ・スイング

胸の前のスイング軸はアドレス時から崩さない

トップの位置を正面から見たときに、胸の前にあるスイングの軸が、アドレス時と同じ角度であることも重要です。

この軸は、インパクトでのクラブの入射角を左右します。軸が右に傾けば入射角はアッパーになり、左に傾けばダウンブローになります。

基本的にこの軸は、地面と垂直が理想で、ティアップして打てるドライバーの場合のみ、やや右に傾いていてもOKですが、**アドレスでしっかり決めたら、スイング中に傾けるのはタブー。**前傾角と同様、一度ズレたら戻すために余計なアクションが必要になり、その動作はスイングの再現性を大きく損なうからです。


深いトップを作るために捻転量を稼ごうとしたり、クラブを大きく振り上げ高いトップを作ろうとすると、この軸が傾きやすいので注意が必要です。

とくに、手のアクションによってトップを作ろうとする場合に起こりやすいため、始動の段階から、手に頼らずに体の回転を主体にバックスイングすることが重要です。

バックスイングの捻転量は、あくまでこれらの前傾角や軸がブレない範囲内で最大になるようにするのだということを忘れないでください。

手でトップを作ると腕と体の関係が崩れる。トップを高く上げようとすると左に傾きやすく(左)、必要以上に捻転しようとすると右に傾きやすい（右）

ここだけは必ず CHECK

正面から見た場合の軸は地面と垂直が理想。ドライバーのみやや右に傾く。過剰に捻転量を稼いだり、クラブを大きく振り上げて高いトップを作ろうとすると軸が傾くので要注意

正面から見たときにアドレスとトップで軸の角度は同じ

Shot Control
トップ・オブ・スイング

右わきのテンションをキープ
右腕が直角に曲がりひじが下を向く

トップの形としてチェックしたいのは、右ひじの角度とポジションで、右ひじが直角に曲がり、下を向いたポジションが基準となります。

右前腕は地面とほぼ垂直で、右手首は甲側に折れます。肩甲骨周りの柔軟性やトップの大きさにもよりますが、ここから大きく逸脱していると、クラブは効率のいい軌道から外れやすくなります。

ゴルフスイングはわきが締まったままの回転運動ですが、実際にはトップで右わきは体から少し離れます。

しかし、本来の意味での「わきが締まっている」というのは、必ずしも上腕と体が圧着していることを指すわけではありません。大事なのは、上腕がグラつかず、胴体と連動して動くこと。**トップで右ひじが下を向いて正しくたたまれていれば、右上腕のテンションは保たれ、腕もクラブも軌道から外れません。**

とりあえずの基準として、トップの位置を後方から見たときに、アドレス時のシャフトの延長線と、ボール位置と肩とを結んだ線の延長線が作る扇形の範囲内に、手元とクラブが収まっていればOKと考えてください。

トップがここに収まらない人は、アドレスやバックスイングの過程に問題があります。

トップの形だけを直そうとせず、一度立ち返って、しっかりと確認・修正することが大事です。

右ひじが直角くらいに曲がり、
前腕が地面と垂直になるのが
トップの基準

ここだけは必ず CHECK

アドレス時のシャフトの延長線（A）とボールと肩を結んだ線の延長線（B）の間にトップが収まればＯＫ

右ひじが下を向けば右上腕のテンションは保たれる

前傾を保って上体を回転。トップで右腕が正しくたたまれ、右ひじが下を向いていれば、右上腕のテンションが保たれ腕もクラブも軌道から外れない

Shot Control
トップ・オブ・スイング

トップの大きさは体格や柔軟性次第 クラブは止まって見えても体は止まらない

トップが高いほうが位置エネルギー的に有利なのは間違いありません。これは、身長が高ければ高いほど有利ということでもあり、同じ身長でも軌道がアップライトで手元の位置が高いほうが有利ということでもあります。

また、回転運動の折り返し地点でもあるため、トップが深いほどクラブの運動量も体の捻転量も大きくなり、やはり飛距離を出すには有利です。

しかし、**トップを必要以上に高くしすぎると、自然な回転運動を損なうため効率が悪くなります。**また、大きく回転しすぎると、捻転を受け止めるべき体の右サイドのテンションが抜けてスウェーしたり、前傾や軸、重心ポジ

トップは
回転が右方向から
左方向に切り替わる
瞬間、止まって見える
ことがある

トップは流れの中のパートのひとつ。止まっているように見えても完全に静止しているわけではない

ションを崩しやすく、エネルギー的にも再現性の面でもデメリットが大きくなります。一般的にオーバースイングが悪とされるのはそのためです。

その意味では、自分の体格や筋力、関節の可動域などの範囲内で、適正なトップの大きさは決まります。実際、ツアープレーヤーのスイングを見ても、飛ばし屋のトップがみな大きくて深いわけではないのです。

また、プロゴルファーの場合、トップが止まって見える人、ほとんど止まらずにダウンスイングに移行する人など、トップの「間」の作り方もさまざまです。しかし、完全に静止している人は一人もおらず、体の中に何らかの動きがあり、そのリズムでダウンスイングに移行しています。クラブが止まって見えたとしても、それは振り子が向きを変える瞬間や、ジェットコースターが上昇から下降に転じる瞬間と同じ。右方向への回転が左方向への回転に切り替わる瞬間に、止まって見えるだけです。

ここだけは必ず CHECK

トップの高さは体格や柔軟性によって変わるので無理に大きくしない

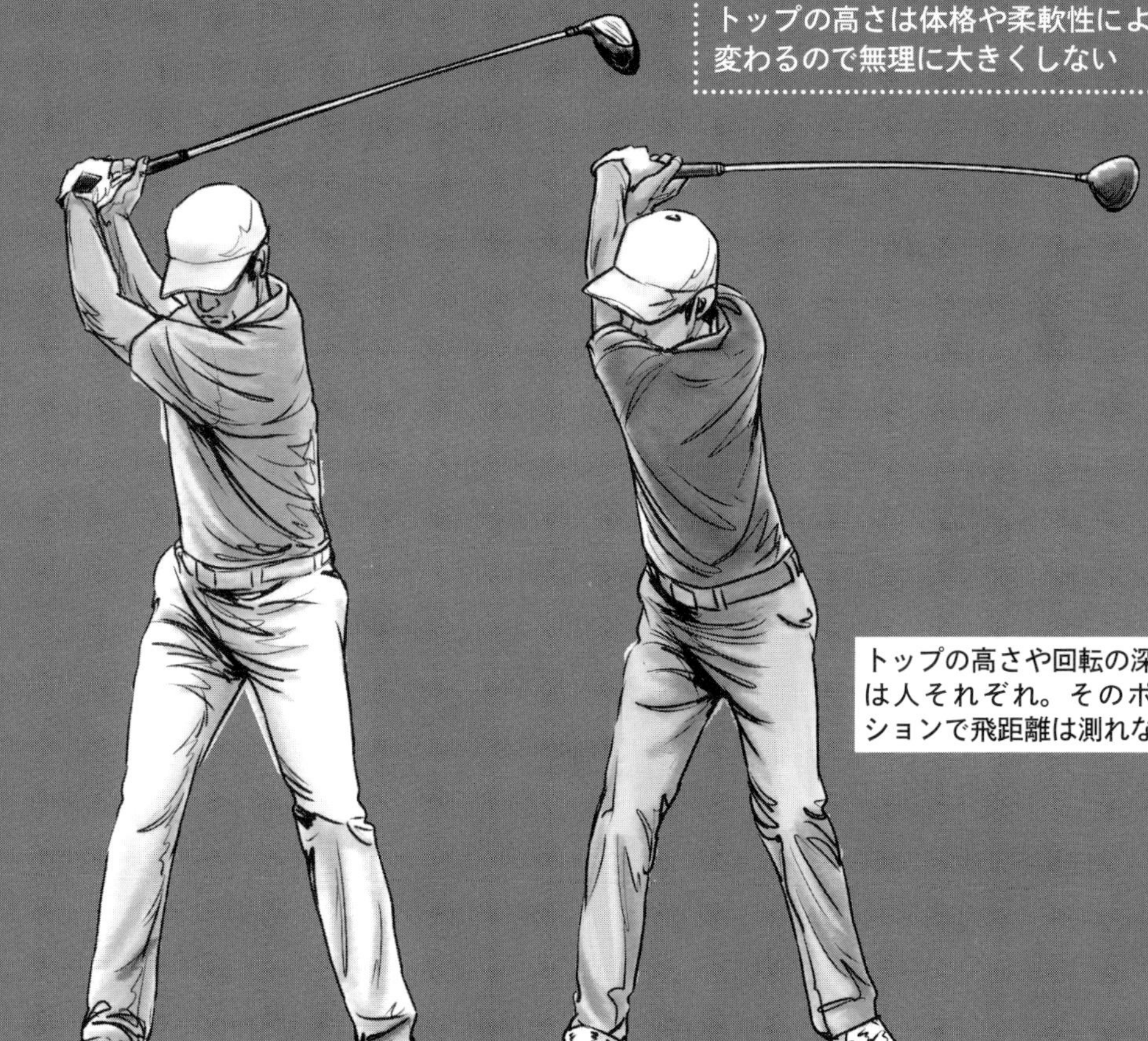

トップの高さや回転の深さは人それぞれ。そのポジションで飛距離は測れない

Shot Control
切り返し

バックスイングからダウンスイングへの転換点

切り返しとは、バックスイングからダウンスイングに切り替わる瞬間のこと。トップ・オブ・スイングの直後であり、ダウンスイングの最初の動作であると考えることもできます。

切り返しは瞬間的な動作であるうえ、技術的にいうところの「コツ」のようなものを多く含んでいます。いわば、スイングにおけるひとつの肝ですが、それだけにスイングが整わないアマチュアゴルファーにとってウイークポイントになりやすい部分でもあります。

とくに、ダウンスイングの初動として「ボールを強くヒットしたい」という意識が働くことから力みやすく、そしてその力みによって動きが悪くなりやすいポジションであるということも、むずかしさの一因になっています。

また、連続写真や動画などで外から「見える」動きと、実際にプレーヤーが行っている動作に乖離《かいり》が生じやすい点もやっかいなところ。

たとえば、切り返しの瞬間、腕とクラブに深い角度ができて「タメ」が生まれていますが、プレーヤーはこの角度を意識して作っているわけではありません。体の適正な動作によって、結果論的に生じるこの「タメ」を、形として作ろうとした瞬間、スイングは崩れ、打球のコントロールも失われてしまいます。

トップ・オブ・スイング

右サイドで捻転のパワーを受け止める。肩は約90度、腰は約45度回るのが理想。右の股関節に乗り、右サイドが伸びずにテンションを維持。右手首はヒンジされ、右腕が内旋されながらひじが下を向いてわきが締まっている

ここだけは必ず CHECK

切り返しで形を作ろうとしてはいけない

切り返し

クラブはトップから
下にスライド
胸を右に向けたまま
切り返す
両肩の高さが
変わらない
顔を右に向けたまま
体を開かない
上下の捻転差が
最大になる
腰が前に出ず
下半身が粘る
両内ももに
張りがある
腰がスクエア
くらいまで戻る

上体をトップの位置に残したまま下半身から切り返しを開始。下半身の動きによって捻転差が最大になり左の背中付近に大きなテンションがかかる。右腰、右ひざが前に出ないように、地面を押しつけるように力を出す

切り返し

上半身をトップの位置に置いたまま下半身から動き出す

切り返しにおいてもっとも重要なポイントが「動きの順番」です。

切り返し以降のダウンスイングは、下半身で上半身を引っ張るようにして上下の捻転差を保持しながらクラブが下りてくるのを遅らせることでインパクト直前までパワーを「貯蓄」するのですが、そのためには切り返しできちんとその順序立てをしておかなければなりません。

ダウンスイングで最初に動き出すのは下半身です。

手元やクラブなどの上半身をトップの位置に置いたまま、下半身からダウンスイングを開始することで、プロゴルファーの連続写真に写っているような自然でパワフルな切り返しの形が生まれます。

切り返しを手や肩などの上半身から動き出してしまった瞬間、ダウンスイング全体が上半身主導になり、パワーが貯められないだけでなく、軌道も乱れてスイング全体が崩壊します。

下半身から正しく動き出すためには、体がトップで正しい位置に収まっている必要があります。

右股関節上に正しく乗り、上下の捻転差が作れていなければ、切り返しでがんばって下半身から動き出そうとしても、よい形に収まりませんし、それを無理やり調整しようとしても、余計な力が入るだけです。

その意味では、本章で以後説明していく切り返しの動きがうまくいかない場合は、トップに戻って体のポジションを再チェックすることが大事です。繰り返しますが、切り返しを形で作ろうとしてはいけません。

上から動き出すと捻転差がほどけてしまううえ、カット軌道になりやすい

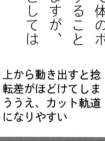

下半身を使って
上半身を引っ張り下ろす

手から先に
動き出してはいけない
切り返しで
最初に動くのは下半身

下半身から順に動き
出せば、上半身は下
半身につられて動く

Shot Control
切り返し

右の荷重をキープし右股関節上で下半身の回転をスタートする

切り返しは下半身から動き出すことが重要ですが、この動きのポイントは、右の股関節上で体の回転をスタートさせることです。

トップでは右太ももが正面を向いた状態で右の股関節上に真上から荷重し、体が深く捻転されていますが、この荷重と捻転差を維持したままダウンスイングをスタートさせるのです。

右の荷重が抜けると右ひざや右腰が前に出てスイング軌道が崩れますし、左へ体重移動しようとすると、体が左へ突っ込んだり、腰が流れて回転不足になってスウェーするなどの問題が発生します。

また、右股関節上で回転するといっても、トップの状態より右への荷重が増えることはありません。トップよりも右への荷重が増えてしまうと、体の右サイドが下がってあおり打ちになり、ダフリなどのミスが出ます。

体重移動しようとして腰が左にスライドしてしまうとうまく回転できず（上）、左で回転しようとするとカット軌道になりやすい（下）

ここだけは必ず CHECK

右股関節上で回転するとはいえ、トップポジション以上に右への荷重が増えることはない

上下の捻転差をほどかず切り返す

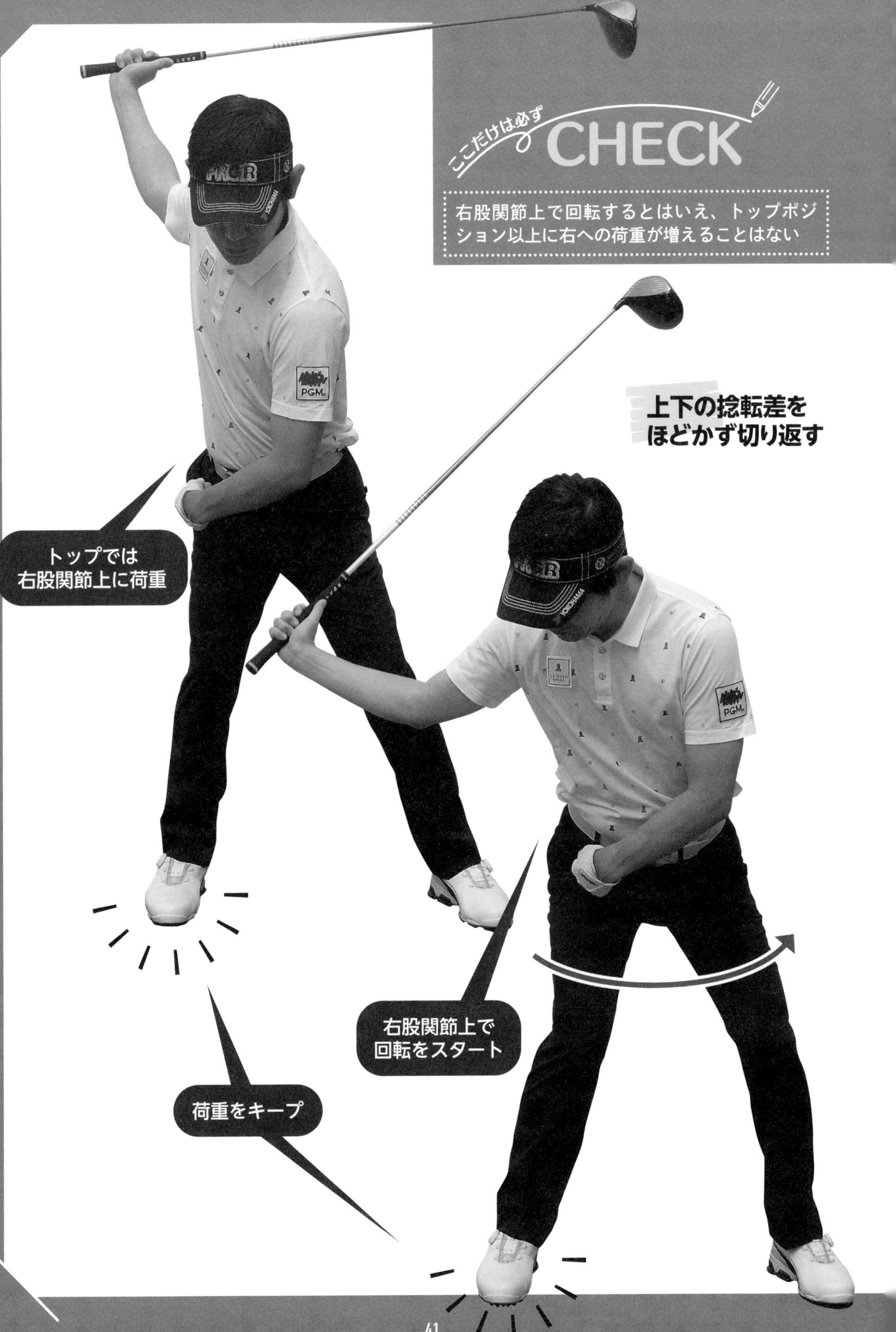
トップでは
右股関節上に荷重
右股関節上で
回転をスタート
荷重をキープ

Shot Control 切り返し

下に向けた右ひじが重力によって真下に落ちる

切り返しにおけるもうひとつの重要なポイントは、腕のポジションです。

切り返しは下半身主導でスタートしますが、それに伴って腕も正しいポジションに収まらなければ、正しい軌道でダウンスイングできません。

トップでは、左わきは体に密着していますが、右わきは少し体から離れています。

切り返しの瞬間、下半身の回転につられて胴体も少し左へと回っていきますが、このとき手元をリラックスさせて、トップの位置に置いたまま切り返しをスタートさせることができれば、胴体の回転によって左わきはいっそう締まり、そのテンションに引っ張られ

左わきのテンションをキープ
右ひじを下に向けて真下に落とす

て、意図しなくても手元が動き始めます。

また、この動きによってトップで浮いていた右上腕が体に密着し、両わきが締まったポジションが復元されるというわけです。

この右腕のポジションは、意識的に腕を動かして作るのではなく、トップで右ひじが下を向いた正しい位置に収まってさえいれば、自然と作ることができます。

英語圏では「フォール・ダウン」などといわれたりもしますが、まさに右ひじが重力によって「落ちる」ように、リラックスした中で行われることが重要です。

右ひじが下を向いたまま動かそうとしても、上体に余計な力が入っていると左わきが開いたり、右肩が下がるなどの悪い動きを併発して打球のコントロールがむずかしくなるので、注意してください。

手元はリラックスさせ
トップの位置に置いたまま
切り返しをスタート

トップでは右上腕と
体は離れている

ここだけは必ず CHECK

重力によって腕が落ちれば右わきは再び締まる

Shot Control
切り返し

絶対に体を開かず胸を右に向けたままクラブを下ろす

前述した動作をすべて踏まえたうえで、切り返しでもっとも重要なことが何かといえば、**「体を開かないこと」です**。

これはダウンスイングに至るまで共通することではありますが、下半身がどれだけ先行して回転していっても、**上体はできるだけ右に向けたままの状態をキープすることが重要なのです。**

上体が開いて肩のラインが左を向けば、クラブは外回りのカット軌道にしかなりません。

また、右腰や右ひざが前に出ても、インサイドからクラブを下ろしてくるスペースは失われ、カット軌道にならざるを得ません。

とくに、ウイークグリップの人は、体の開きをギリギリまで遅らせて、インパクト直前で一気にローテーションする動作が必要になるので、かなり意識的に体の開きを抑える必要があります。顔や胸を右に向けたまま切り返すように意識するとよいでしょう。

肩が開いたり右ひざや右腰が前に出るとダウンスイングはカット軌道にしかならない

ここだけは必ずCHECK

ウイークグリップの場合、体の開きをギリギリまで遅らせ、インパクト直前で一気にローテーションする必要があるため、意識的に体の開きを抑える必要がある

ウイークグリップの人はとくに注意

胸を右に向けたまま切り返す

胸の見え方はできるだけ変わらないようにする

Shot Control
切り返し

切り返しの瞬間に上下の捻転差が最大になるとパワーも最大になる

正しく切り返しが行われると、上半身より先に下半身がダウンスイング方向に回転し始めるため、トップ・オブ・スイングよりも上半身と下半身の捻転差が大きくなる瞬間があります。

体が早い段階で開いてしまったり、手の力で切り返そうとすると、捻転差は大きくならず、パワーロスが発生します。

プロのスイングを見ると、シャツの右わき腹付近にできるしわが、トップよりも切り返した直後に増えているのがわかると思います。

この感覚は、トップでスイングを止めずに素振りをしてみるとわかりやすいでしょう。トップの直前、バックスイングでまだ腕とクラブが右方向に動いている最中に、下半身を左に回し始めます。すると、その瞬間に体が強くねじれるのがわかると思います。これは実際のスイングでも同様です。

飛ばし屋ほど切り返しの瞬間にシャツのしわが増える

ここだけは必ず CHECK

バックスイングで腕とクラブが右方向に動いている最中に、下半身を左に回し始めると、体が強くねじれる感じを体感できる

トップ以上に上半身と下半身の捻転差が大きくなる

Shot Control

切り返し

ボール投げの練習を通して切り返しのタイミングを覚える

アドレスからトップのポジションまでは正しくできているのに、切り返した途端にスイングのバランスを崩してしまうゴルファーが多くいます。

これは「飛ばそう」とか「うまく当ててやろう」という心理から打ち急いだり、手先でクラブを振り下ろしたりするのが原因。**切り返しのタイミングが整っているかどうかが、プロとアマチュアのいちばんの違いといっても過言でありません。**

「どのタイミングでクラブを振り下ろせばいいかがわからない」「下半身のリードで振り下ろすというけど、それがなかなかできない」と悩みを訴えるゴルファーが沢山いますが、これは理

左足を先に踏み込んでから体幹を左に回し、腕を左に振る

実際に投げなくてもよいから、下半身の自然な動きを体感することにポイントを絞ろう

屈で説明するよりも感覚で覚えたほうが上達の近道だと思います。

たとえば両手でトレーニング用のメディシンボールを持ち、目標方向に真っすぐ投げるとしたら体をどのように動かすでしょうか？　両腕をバックスイングの方向に振り出し、左側に投げるときは最初に左足を踏み込んでから腕を振り下ろすでしょう。

メディシンボールは3キロくらいの重量がありますから腕だけでは振れませんし、体の軸が左右に傾いても目標方向に正確に投げられません。メディシンボールがなくても、**投げるイメージを持ちながら、体の自然な動きを感じ取ってみましょう。**野球のピッチングフォームやバッティングフォームなどを思い浮かべることでも、ダウンスイングの切り返しのタイミングの取り方のイメージがつかめると思います。

体をどうやって動かせばいいかを頭で理解するよりも、本能的な感覚にまかせて体で覚えるほうが早くマスターしやすいものです。

ボール投げの練習で切り返しのタイミングを体感

アドレスの姿勢をとり、両手でメディシンボールを持つ

体幹部を右に回転しながらバックスイング

グリップの力感は打球をコントロールするポイント

Column 2

グリップの握りの強さを変えないことが、力まずに切り返すポイントのひとつ

切り返しの動きを正しく行うには、いかに上体がリラックスできているかが肝心です。

とくに注意しなければならないのは、グリップの力感。グリッププレッシャーが切り返しで瞬間的に強くなりすぎると、必然的に肩や腕などの上体全体に力が入ってスムーズな動きを損ない、体の開きを抑えた下半身リードの動きはできません。

しかし、どんなにがんばって力を抜こうとしても、体のポジションが悪ければ、そのまま振っても当たらないという直感から、自然とどこかに力を入れて軌道を修正しようとします。

もちろん、必要以上に力を入れないようにすることは大切ですが、それ以上に、関節が正しいポジションに入った正しいトップと、そこから切り返す際の動きの順序が重要だということを忘れないでください。

第3章

CHAPTER 3

スイング軌道とエネルギーを左右するダウンスイング

切り返しからインパクトに向けてクラブが下りてくるパートがダウンスイング。ここでクラブが正しい軌道に乗れば、ある程度正確にインパクトできるため、打球がコントロールできて大きなミスはなくなります。

プロのスイングを見ても、ダウンスイングの中盤からインパクトにかけては、誰もが同じ道筋をたどってクラブが下りてきます。

また、ギリギリまでエネルギーを貯めることでインパクト時のパワーが増大します。

Shot Control
ダウンスイング

インパクトでパワーを解放するべく上下の捻転差をキープしたままクラブを下ろす

ダウンスイングは、トップから切り返した後、インパクトに向けてクラブを下ろしてくるセクション。この部分でクラブを正しい軌道に乗せられるかどうかにインパクトの精度がかかっています。

それと同時に、インパクトに向けてヘッドを加速させていく助走部分としても重要な意味を持っています。効率のいいインパクトのために、エネルギーをギリギリまで貯め、一気に解放するための準備をする。実際、スイングとしてもいわゆる「タメ」が生じ、インパクトに向けてスピードも上がるセクションです。

ダウンスイングでの動きが悪いと、

ここだけは必ず CHECK

いかにギリギリまでパワーを貯められるかをつねに意識しよう

早い段階でエネルギーの解放（というよりもむしろ漏出）が起こります。それを防ぐためにも、ダウンスイングの動きの精度を上げることは非常に重要な意味を持っているといえます。

インパクト直前までは、ここまで貯めてきたエネルギーをできる限り無駄にせず、保存しておくことが重要です。

そのためにもっとも重要なのが、上半身と下半身の捻転差を維持したままクラブを下ろしてくること。

切り返しの瞬間に最大になった捻転差は、インパクトに向けて体が左に回転していくに従って少しずつほどけていきます。しかし、この捻転差がほどけることによるエネルギーのロスを極力小さくしたいのです。実際、トッププロのレベルでは、手元が右腰あたりに下りてくるまでは、ほとんどトップと変わらない捻転差を保持しています。

具体的には、**ダウンスイングの間、上体を開かずにキープすること。できるだけ胸を右に向けたままクラブを下ろしてくることが重要です。**

ダウンスイングの精度がスイングの質を左右する

上下の捻転差をキープしたままダウンスイングできるとインパクトまでパワーが逃げない

下半身から
ダウンスイング
をリード

胸はまだ右方向を
向いたまま

Shot Control
ダウンスイング

両わきのテンションを維持し腕と胴体を同調させる

スイング中、両わきが締まった状態を保たなければならないのは、ダウンスイングも同じです。

というよりもむしろ、スピードに乗って回転し、インパクトに向かうダウンスイングこそ、腕と胴体の同調がもっとも必要で、わきの締まりが不可欠なセクションであるといえます。

ここまでわきを締めることを強調してきたのはすべて、このダウンスイングからインパクトにかけて、わきが締まった状態を作るためといっても過言ではありません。

切り返しでは、腕をトップの位置に置いたまま下半身から左に回転していきますが、この動作によって、左わきがより強く締まるテンションがかかります。ダウンスイングでもこのテンションを維持することが重要なのです。

もちろん、このわきの締まりは、力を入れて作るのではないことも、これまでと同じ。ひじが下を向くポジションを保持すれば、自然とわきが締まったまま腕と胴体は同調します。

このポジションが崩れてダウンスイングで左ひじが外を向くと、左わきのテンションが抜けてしまうため、インパクトまでにもう一度なんらかのアクションを加えて、テンションを作り直そうとする動きが生じます。

この動きはクラブをスイング軌道から外してしまうだけでなく、余計な力が入ってさまざまな歪みの原因となり打球をコントロールできなくなります。

✕

左ひじが外を向くと左わきのテンションが抜けて腕と胴体の同調が崩れてしまう

体の回転に腕が引っ張られてくる

下半身の回転に
引っ張られて
わきが締まる

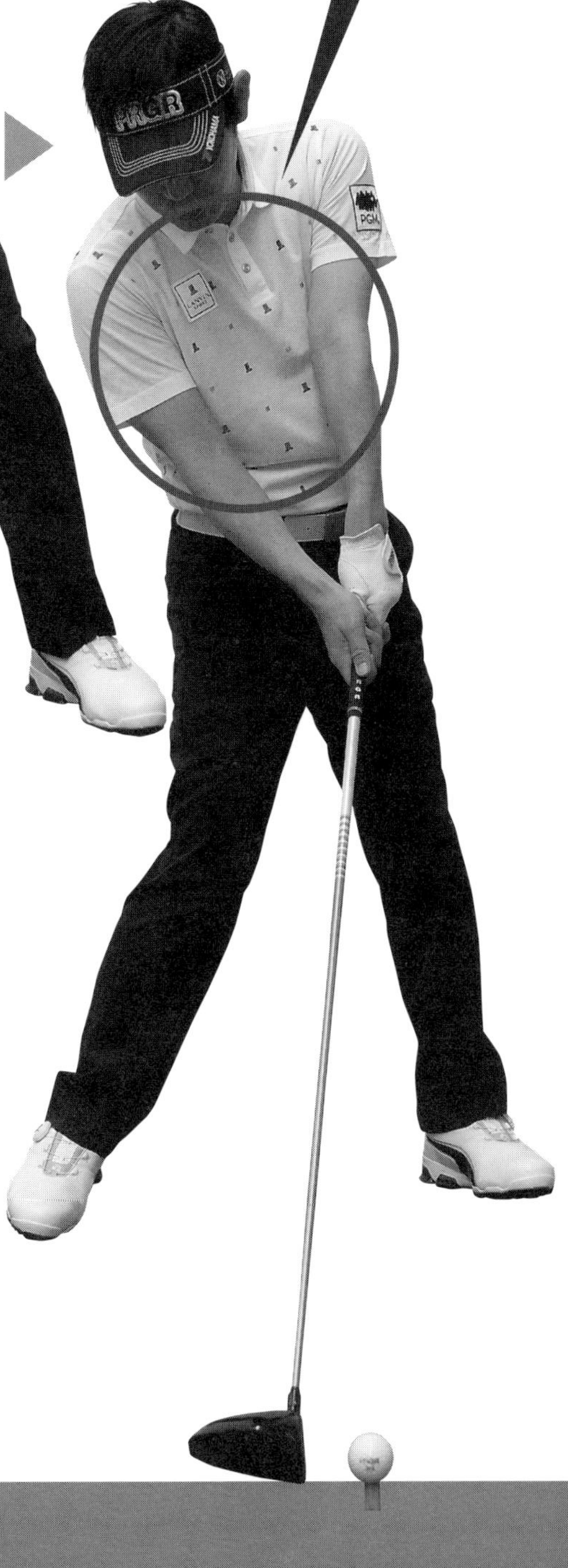
腕と胴体が
同調して下りてくる

ここだけは必ず CHECK

スピーディに体を回してインパクトに向かうダウンスイングこそ、腕と胴体の同調が不可欠。それを左右する要素がわきの締まりだ

Shot Control
ダウンスイング

体が開きやすい人は顔を右に向けるイメージを持つ

ミスの代名詞のようにいわれるヘッドアップ。なぜ悪いのかといえば、ダウンスイングで上体が起きたり、顔が早く目標を見ることで、体が開くからです。こうなると肩のラインが早くオープンになり、クラブヘッドが理想的な軌道から外れてミート率が低下する。だからヘッドアップはNGなのです。

でも、解決法としてボールを凝視することはおすすめできません。インパクトで体が早く開くのはよくないとしても、体を閉じたままボールをヒットするのは不可能。体幹部を左に回転すれば、それに連動して腰や肩も左に回ります。体がオープンな状態からクローズに向かう途中でインパクトを迎え

ここだけは必ず CHECK

インパクトで体が早く開きやすい人はダウンスイングで顔を左側に向けない

るのが正しい姿。**大事なのはただひとつ、体の早い開きを抑えることなのです。**

ひと昔前にアメリカ女子ツアーを席巻したアニカ・ソレンスタムの打ち方は、インパクト前に顔が目標方向に回ることからルックアップ打法と呼ばれていました。でも、彼女の上体が早く開くことは決してありませんでした。

ダウンスイングからインパクトにかけて、プロの場合は顔が早めに目標を向いていても体が開いたり、前傾角度が変わったりしていません。

それに対してアベレージゴルファーは、顔が早く目標を向くと肩が開いてしまい、右肩が前に出る形となるため、クラブヘッドがアウトサイドから下りてきます。

インパクトで体が早く開きやすい人は、トップからクラブを振り下ろす際に顔を右に向けるイメージを持つと効果的です。胸をトップと同じ向きに、つまりボールよりも右側に向けたままの体勢でダウンスイングし、顔も絶対に左側に向けないようにするのです。

顔をボールよりも右に向けたまま振り下ろす

頭をアドレスの位置にキープすることが重要。大きくズレる人は、ダウンスイングで胸をボールよりも右に向けておき、顔の向きも左側に向けないように振り下ろそう

×

インパクトで頭がボールよりも先に出ると体の軸回転が歪んでしまう

Shot Control
ダウンスイング

右ひじを下に向け体の近くを通して下ろす

ダウンスイングのクラブの軌道は、右腕のポジションによって作られます。そのため、左ひじだけでなく右ひじの位置と向きも非常に重要です。

切り返しでは、右ひじが真下に落ちるような動作によって、トップで空いていた右わきが、ダウンスイングの初期段階で体に近づきます。

この動作で、右ひじが右の腰骨付近を指すアドレス時のポジションに戻るわけですが、ダウンスイングからインパクトの間でも、この右ひじの向きとポジションが保たれていなければ、クラブは正しい軌道から外れてしまいます。

右ひじはインパクトの直前まで曲がったまま、胴体の近いところを通ります。このとき、必ずしも右わきが強く締まっている必要はありませんが、**右ひじが下を向いた状態をキープすることで、右ひじを内側に絞るようなテンションがかかっていることが重要です。**

右手でクラブを持たずにシャドースイングをしたならば、右ひじは下を向き、右手のひらが上を向いた状態でダウンスイングしてきます。

そして、右腕と胴体の関係が保たれたまま体が回転するのにつられて右腕もインパクトに向かっていきます。

×

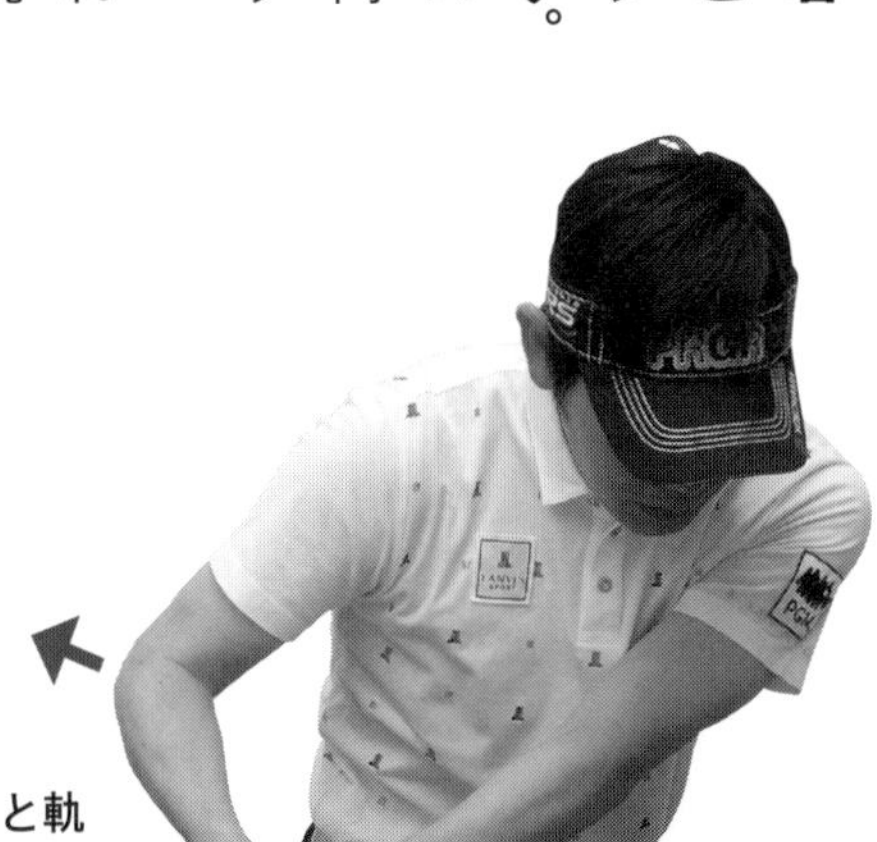

右ひじが外を向くと軌道が乱れて打球をコントロールできない

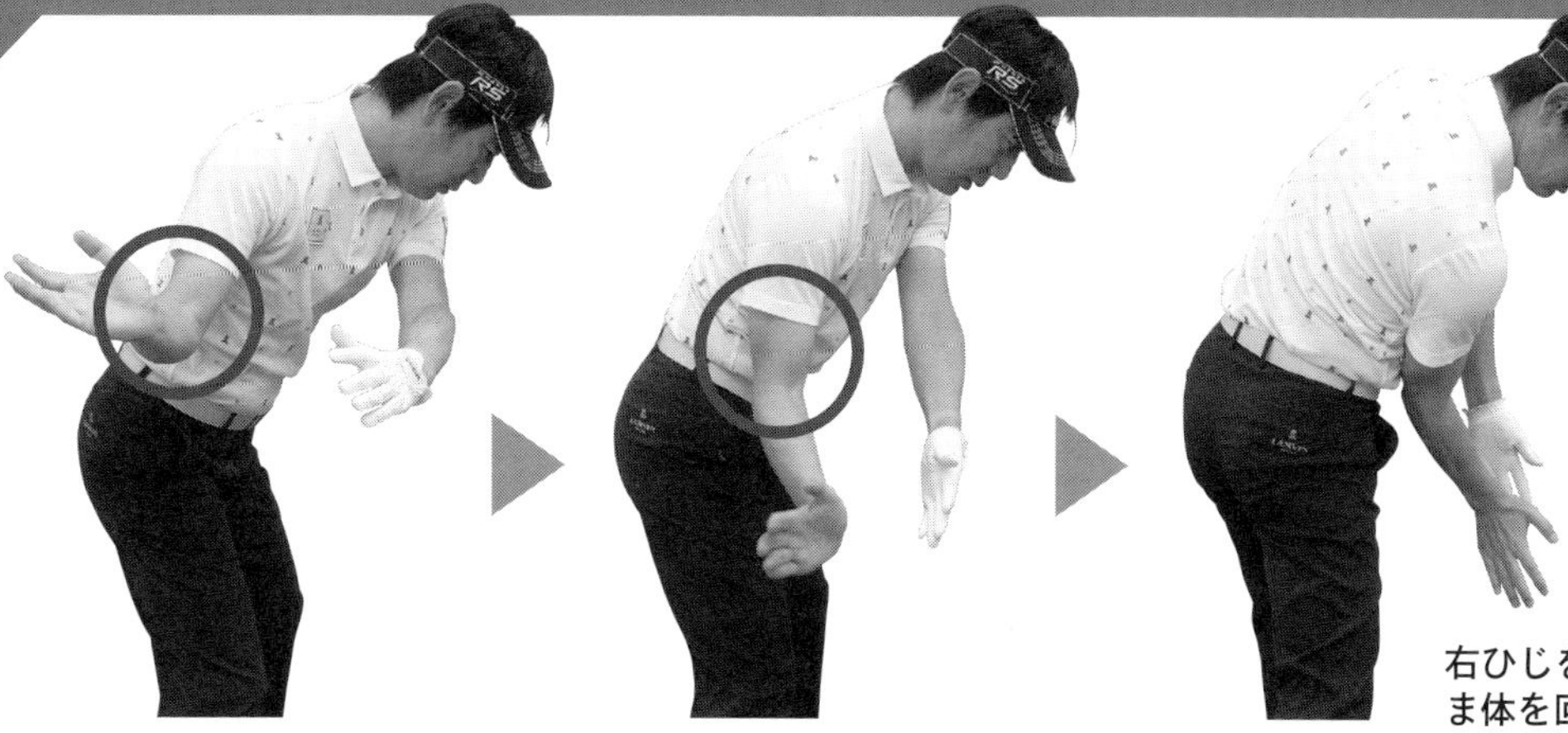

右ひじを下に向けたまま体を回転させてくる

右ひじを構えたところに戻してくる

右ひじは下を向いた状態を保つことがポイント

ここだけは必ず
CHECK

切り返しで作った右ひじと胴体の関係を崩さずに体を回転する

Shot Control ダウンスイング

右ひじを右腰骨に向かって下ろすイメージ

ダウンスイングでは右ひじは下に落とすだけ。右肩や右腕、右手に力を入れず重力にまかせて落ちると、右ひじは右の腰骨に近い位置に下ります。**右ひじがアドレスと同じ位置に戻ることで、ダウンスイングの軌道が整いやすくなるのです。**

打ち気にはやると右ひじが前に出たり浮いたりして右肩が前に出て、クラブがアウトサイドから下ります。

また、ダウンスイングでタメを作ろうとして右ひじを内側に絞りすぎてもいけません。余分な力が入り、正しい軌道で下ろせなくなるからです。

つまり、右手や右腕で何かをしようとするほど、体の軸が歪んで体幹部の回転がスムーズにいかず、腰や肩が同調しなくなり、腕や手が暴れる結果となるわけです。

むずかしく考えず、**前傾角度を保ちながら、体幹部の軸回転を心掛け、体幹部と腕を同調させる。その過程でトップから右ひじを落とすだけです。**

いわば右ひじはダウンスイングの軌道を整え、打球をコントロールする「司令塔」のようなもの。ダウンスイングでクラブを適正な角度から振り下ろし、さらにクラブがシャフトプレーンときれいに重なるように導くためのガイドなのです。

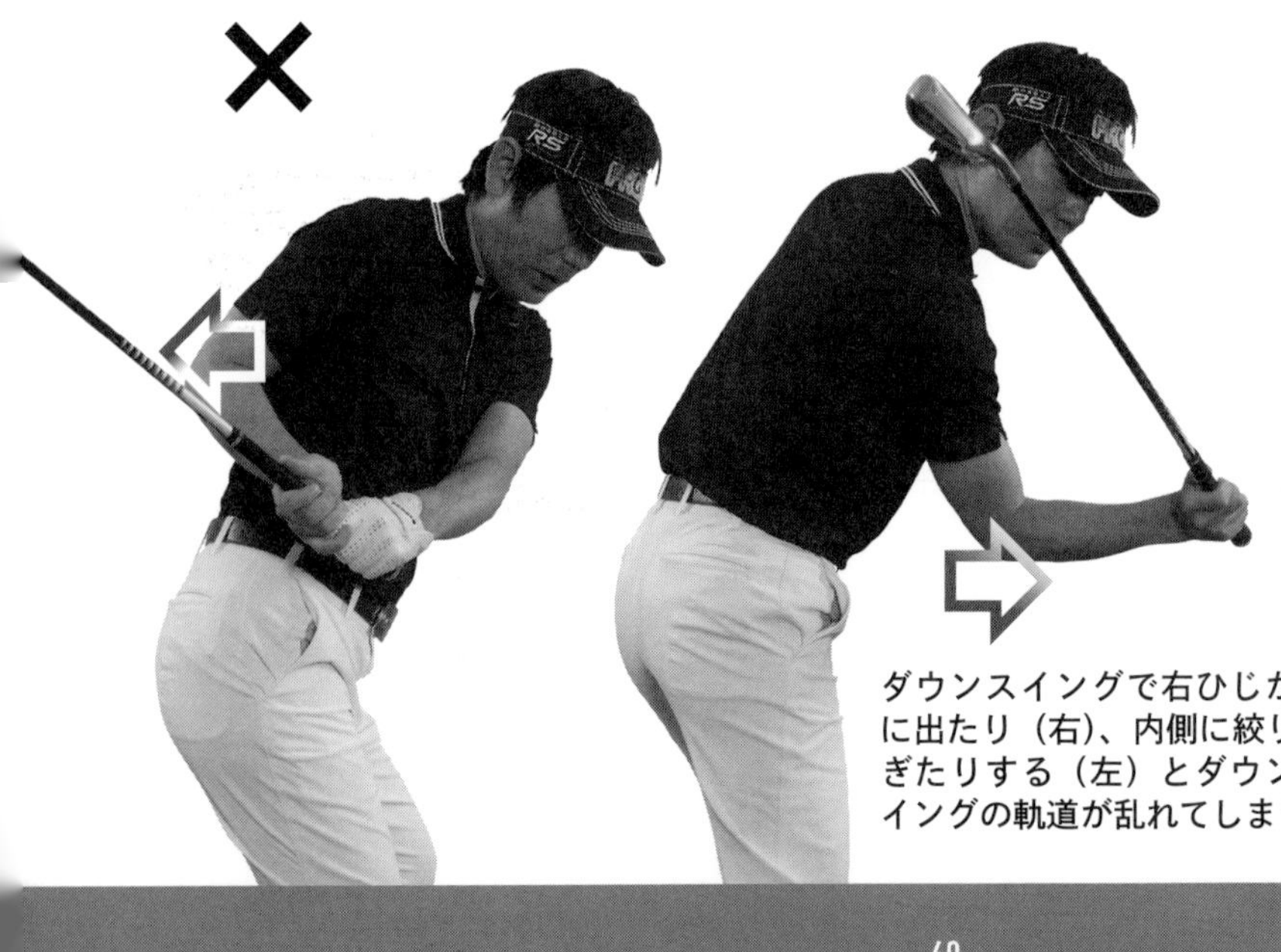

ダウンスイングで右ひじが前に出たり（右）、内側に絞りすぎたりする（左）とダウンスイングの軌道が乱れてしまう

右ひじを右の腰骨に向けて自然に落とすだけでいい

右腰骨に向けて右ひじを落とすだけ。トップのポジションから右ひじを下に落としてあげれば、クラブがシャフトプレーン上に自然に乗ってくる

右腰骨に向けて
右ひじを落とす

右ひじがアドレスと
同じ位置に戻っていく

ここだけは必ず **CHECK**

ダウンスイングでは右腕を脱力させておこう

Shot Control
ダウンスイング

「ヘッド・ビハインド・ザ・ボール」はなぜ大事なのか？

ダウンスイングからインパクトにかけて頭が目標方向に流れるのも、ミート率を著しく低下させてしまう原因のひとつです。

頭の位置が変わるとスイング中に首の付け根を一定にキープできず、体の回転に歪みが生じるからです。

そのためには、**体が開かないよう「ヘッド・ビハインド・ザ・ボール」を心掛けることが大事です。**

これはインパクトで頭がボールよりも先に出ないように、頭をボールよりも後ろ側に保っておくこと。

ただし、頭が右側、つまりボールの飛球方向と反対側に動いていいわけではありません。フィニッシュで右足体重になり、上体が右側にのけぞるからです。

ボールを左かかと延長線上に置くドライバーの場合は、必ずボールよりも後方に保たれます。

一方、ショートアイアンはボールと頭の位置がほぼ重なりますが、この場合も頭が目標方向に流れないようにしなければなりません。

要は結果的にどのクラブも頭がボールよりも先に出ることはないということです。

×

インパクトで頭がボールよりも先に出ると体の軸回転が歪んでしまう

ここだけは必ず CHECK

頭をボールの後ろ側にキープするというよりも、頭を構えた位置に保っておく意識をしっかり持とう。そうすれば体は開かなくなる

頭の位置をキープすることが重要

Shot Control
ダウンスイング

ハーフウエイダウンでクラブがシャフトプレーンと重なる

ダウンスイングの中でも、インパクトへと向かうハーフウエイダウンのポジションはとくに重要です。

これはダウンスイングで両手やクラブが右腰くらいの高さに下りてきたポジション。ダウンスイングでクラブヘッドが理想的なプレーンをなぞっているかどうかの基準となるのがハーフウエイダウンです。

アドレスしたときのシャフトの傾きを1枚の面とイメージしたものをシャフトプレーンといいますが、**飛球線の後方側から見たときにハーフウエイダウンのポジションで、クラブがほぼシャフトプレーンと重なって見えるのが理想といえます。**

×

上体が右に傾いてインサイドから極端に低く下りたのではクラブが寝てしまう

×

ダウンスイングで上体が突っ込むとクラブが立ってアウトサイドから下りてくる

アドレスの前傾角度が保たれ、クラブがシャフトプレーンに沿って下りてくれば、インサイドから適正な角度で振り下ろせ、かつフェース面がスクエアに保たれているのでインパクトの正確性が向上します。

プロの中にはトップの位置が高い人も低い人もいますが、ショットメーカーと呼ばれる人はハーフウエイダウンで、クラブが収まるべきポジションに収まっています。さらにそこからインパクトに向かうときの体勢やクラブヘッドの軌道も共通しているのです。

ある意味、このポジションさえ決まれば、バックスイングの軌道やトップの形はどうでもいいということになりますが、それは練習量の多いプロたちの話です。

練習量やラウンド回数が少ない一般のアベレージゴルファーは、安定したトップを作ることを考えたほうが、ハーフウエイダウンでクラブを理想的な軌道に乗せやすいといえます。

ここだけは必ず CHECK

シャフトの傾きを鏡でチェックしてみよう。クラブが右腰の高さに下りてきたとき、飛球線の後方側からシャフトと右前腕部が重なって見えるのがベスト

シャフトプレーンに沿って振り下ろす

プロたちのハーフウエイダウンはみな整っている

Shot Control ダウンスイング

手首をやわらかく使わなければ「タメ」は作れない

ダウンスイングでは、手首の角度をキープすることも重要です。スイング中、手首は左右で連動していきますが、ダウンスイングにおいては、右手首の角度として意識されることが多いようです。

この右手首の角度がダウンスイングの早い段階でほどけてしまうと、いわゆるアーリーリリースになってクラブのタメが消え、エネルギー効率が悪くなるとともに、クラブの軌道もカットにならざるを得ません。

この手首の角度は、写真や動画で見るとギュッと固めてキープし、いわゆる「タメ」を作っているように見えるかもしれませんが、実際はそれとは正反対です。

手首をリラックスさせてやわらかく使うことで自然と正しいポジションに収まっている状態なのです。

クラブを持たないでスイングするシャドースイングをしてみるとわかりやすいのですが、ダウンスイングで右ひじを下に向けたまま、腰を切ると同時に内側に絞り込むようにすると、自然と手のひらは上を向き、それに伴って右手首の角度が深くなるはずです。

実際のスイングでは、これにクラブの重さや遠心力が加わるので、右手首のしなるような動きが強調されます。

さらに、下半身が先行することから腕が少し遅れてくるのと相まって、右腕とクラブの角度が深くなります。

これが「タメ」の正体。

決して意識して形を作っているのではなく、やわらかな動きの中で自然発生しているものなのだということを忘れないでください。

ひじを下に向ければ自然とタメができる

右腕全体をやわらかく
使うことが大事
右ひじの向きが肝心。
手首の角度が自然と深まる

Shot Control ダウンスイング

右足はベタ足のイメージ 右かかとを地面に押しつける

ダウンスイングで体の開きを抑え、適切なタメを作るためには、下半身の動きも重要です。

ティアップした球をアッパーにとらえ飛距離を出すことが求められるドライバーショットでは、右サイドに軸を作り、ダウンスイングで右脚を内転させながら蹴るようにダイナミックに使うことで大きなパワーを出します。

しかし、飛距離よりも縦の距離やスピン量の安定が求められるアイアンショットでは、再現性を確保するために下半身を静かに使う必要があります。そのため、右足を内側に倒す感じで、右かかとを大きく浮かさないようにスイングしたいのです。

かかとをまったく浮かさずにベタ足にする必要はありませんが、動作としては**右かかとを地面に押しつけるような使い方がベターです。**

このとき、つま先で地面を蹴るように力を使おうとすると、右ひざや右腰が前に出やすく、右サイドが詰まって右股関節が伸び、前傾が崩れたり、カット軌道になるなどの問題が生じるので注意が必要です。

右つま先側で蹴ろうとすると、右ひざが前に出やすい

股関節が伸びないようにして上体の前傾をキープ

右かかとを地面に押しつけ
るような使い方がベター

右腰やひざが
前に出ないように注意

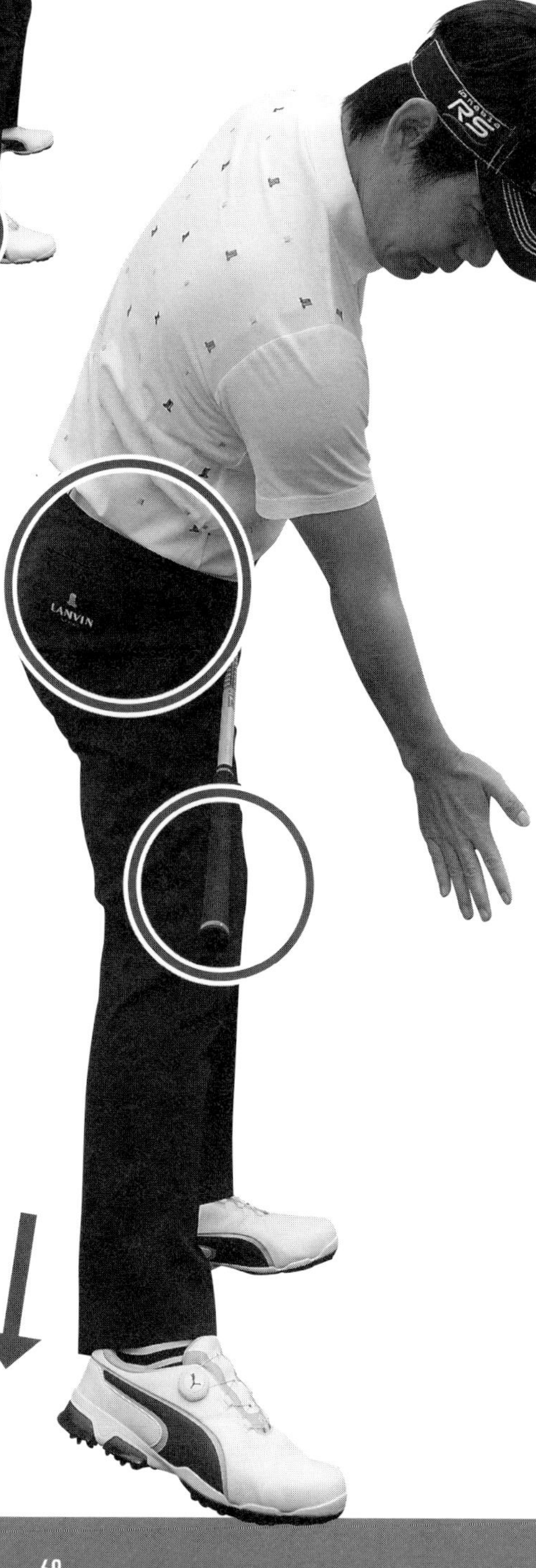

ここだけは必ず
CHECK

右かかとを浮かさないように蹴ってい
くが、実際には少し浮いても問題ない

Shot Control
ダウンスイング

下半身によるパワーの蓄積 〝ジャンプ〟する準備としての沈み込み

ダウンスイングは、エネルギーの解放のための準備段階だと説明しましたが、とくに下半身の動きにおいては顕著です。

とくに大きなパワーを出したいドライバーショットでは、インパクトの前後、両ひざを伸ばしながら真上にジャンプするような動きで地面を蹴って、体の回転を一気に加速させます。これが下半身のパワーの「解放」に当たりますが、**ダウンスイングではその準備段階として、少し沈み込むようにしてパワーを貯める動作が必要となります。**沈み込む量には個人差がありますが、ジャンプする前にはしゃがみ込む動作が不可欠となります。

ここだけは必ず CHECK

足首と股関節も柔軟に使ってやわらかく沈み込む

そのため、**ダウンスイングの途中で、一瞬ひざを曲げて体を沈めます。**アマチュアゴルファーの多くは、ダウンスイングで体が浮き上がったり、上体の前傾が起き上がるような動きが発生しがちですので、そういう傾向のある人にとっては、かなり極端に沈み込むような感覚があってもいいかもしれません。

このとき重要なのが、沈み込む方向です。インパクトゾーンでのジャンプ動作では、真上方向に力を使いたい。そのためには、**沈み込む方向も真下である必要があります。**エネルギーを貯める方向が斜めになってしまうと、解放する方向も乱れます。

ポイントは左脚の向き。左ひざと太ももが正面を向いたまま真下に沈み込むように注意してください。もちろんひざだけでなく、足首と股関節もやわらかく使って、上体の前傾や軸の直立を維持したまま、静かに滑らかに沈み込むことが重要です。

体全体で真下に沈み込む

インパクト前後で、両脚で地面を蹴って
パワーを出すために事前に沈み込む

左ひざと太ももが
正面を向いたまま
真下に沈み込むの
がポイント

真上にジャンプ
するような動き
で地面を蹴る

Shot Control
インパクト

右サイドが前に出ない感覚が正確な打球コントロールを生む

ダウンスイングからインパクト、フォロースルーにかけては下半身をおとなしく動かすイメージを持つことが重要なポイントです。

ダウンスイングでは、肩の捻り戻しと腕や手の振り下ろしが連動しますが、下半身を積極的に使いすぎると両ひざや両足が暴れてしまうことになります。

ダウンスイングで体重が左足に移動するのは正しい動きですが、体重移動のタイミングが早すぎると、上体が左に流れます。腰を素早く左に回そうとすると、右ひざが前に出て右肩が突っ込みやすいのです。

ですから、**下半身は積極的に使うというよりも、「我慢する」というイメ**

両ひざが飛球線と平行ならストレートに振り抜ける。左腰の高さに振り抜いたポジションで、両ひざのラインが飛球線と平行のままならば、クラブを理想的な軌道に乗せやすい

×

体重が右足に残って腰が引けても正しいフォロースルーがとれない

×

右かかとが早く浮いて右ひざが前に出ると、右肩が突っ込んでクラブがアウトサイドから下りてしまう

ージが正解です。

切り返しの際に体重を左足に乗せたあとも、右かかとをできるだけ浮かせないようにし、体幹部を左に回転します。右足を斜め右下のほうに踏み込む感じで、右ひざが前に出ないように右ももを捻るのです。

こうすると右ひざが前に出ないため、両ひざのラインが飛球線と平行になり、インサイド・ストレート・インの軌道で振りやすくなるというプラスの効果が得られます。

ほとんどのアベレージゴルファーはダウンスイング以降で腰が開いています。そのために右ひざが前に出たり、体重が右足に残って左腰が引けたりしてしまいます。

両ひざをなるべく正面に向けておき、右かかとがインパクトまで浮かないように我慢しましょう。右腰を回さないくらいの気持ちで下半身の動きを静かにすれば、体の右サイドが前に出ないようになり、足腰のバランスが最後まで保たれてミート率が上がります。

右ひざを前に出さなければ
ボールを真っすぐ飛ばせる

右足を斜め下に踏み込み、右ももを捻る。右足を踏み込んで右かかとが早く上がらないように我慢

ここだけは必ず CHECK

右ひざを前に出さずに、その場で右ももを捻る感覚だ

Shot Control

インパクト

インパクトの至上命題はいかに体を開かずにボールをとらえるか

インパクトとアドレスの形を比べた場合、いちばん大きく違うのは腰の向きです。

インパクトでは左太ももの内側がブロックされた状態で、右太ももが押し込まれることで内ももの間隔は狭まり、ベルトのバックル部分が目標方向を指すように左を向きます。

肩と上体も、下半身の回転に引っ張られて、アドレス時よりも若干開いているのが普通です。

上体の前傾は、極力アドレス時に正確に戻すのが理想ですが、ほんのわずかな上下であれば許容範囲といえます。

手元の位置はグリップの握りによって大きく変わりますが、アドレス時よ

頭の位置は
アドレスと
同じかわずかに
右寄り
肩は少しだけ
オープンに
なっている
ベルトの
バックルが
目標を向く
右わきは
締まった状態
手元はアドレス時
よりも左に
押し込まれる
右太ももが
内側に
ねじれている
左ひざが
伸びながら
インパクト

りは目標方向に押し込まれた状態でインパクトします。

手元が浮くのは避けたいですが、実際はシャフトがトウダウン（下方向へのしなり）を起こすぶんアドレス時よりわずかに上がります。

正面から見た頭の位置は、原則的にはアドレス時のポジションに戻ってくるべきですが、多少のズレは許容範囲。胸の前の軸の傾きがスイング中変わらず、アドレスとインパクトで同じ位置にあることが精度の高いインパクトの条件といえます。

細かく見ましたが、**いいインパクトの条件を一言でいうなら「いかに体を開かずに打つか」ということになります。**

ダウンスイング以降、体はフォロー方向（左）に向かって回転し続けます。その中で、どれだけ上半身をトップ時に近い右向きの状態で残せるか。そしてどれだけ下半身を先行させせられるかがポイントになるわけです。

ウイークグリップとストロンググリップでは体の開き加減の許容範囲に差があります（P76〜79参照）が、基本的な考え方としてはどちらも同じです。

インパクトはアドレスの再現ではない

左太ももにブロックされながら腰が左に回る

肩のラインはほぼスクエアでインパクトしたい

Shot Control
ウイークグリップのインパクト

顔を右に向けて体の開きを抑え左手を早めにロールする

顔を右に向けて左手を外側に絞り込むようにする

インパクト直後には前腕のローテーションが進み、手のひらが正面を向くくらいの状態

左わきを締めたままさらに前腕をロールしてヘッドを走らせ、振り抜いていく

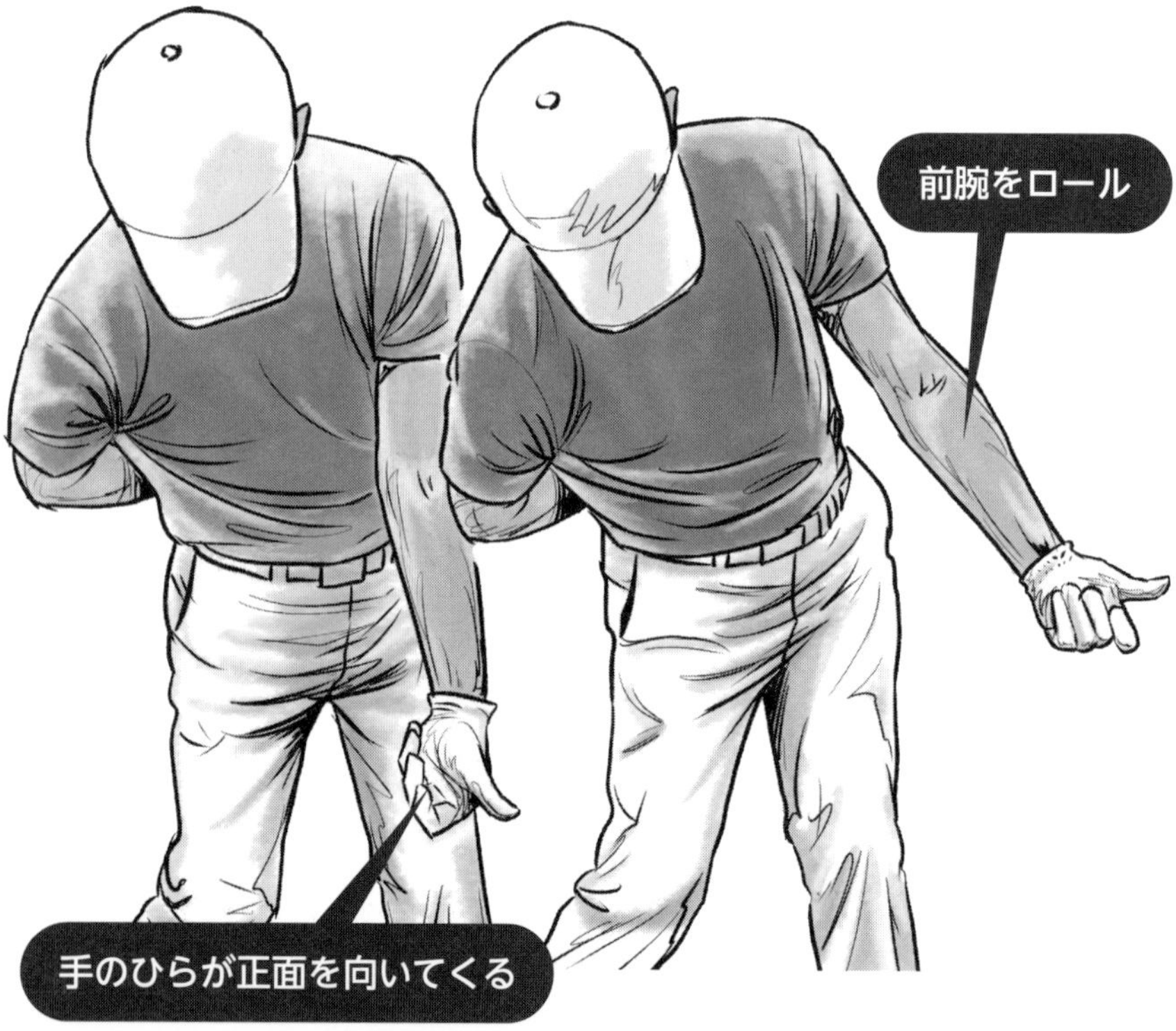

ウイークグリップの人の場合のインパクトゾーンの左手の動きを説明しましょう。

ウイークグリップの人は、体を先行させてインパクトを迎えたときにフェースが開きやすいので、**左手のロールを積極的に使って球をつかまえる必要があります。**

ダウンスイングでは絶対に体が開かないように注意しながら下半身を先行させ、左前腕のローテーションを早めに開始します。このとき、左手首を手のひら側に絞り込むようにしてフェースをシャットに使っていきます。

インパクトでは左手の甲が左下方向を指すくらいの状態で、少し顔を右に向けるようにして体の開きを抑えて球をとらえます。

インパクト後は、左前腕の外旋を積極的に行い、早めに親指を立てるようにして振り抜くのがポイントです。

左手甲をターゲットに向ける

ウイークグリップの左手の動き

体の開きを極力抑えて、左上腕が胸をこするようにインサイドからダウンスイングを開始

左前腕のロールを早めに開始し、左手首を手のひら側に絞り込むようにクラブを遅らせる

左手の甲が左下を指すくらいの形でインパクト。顔を右に向けるようにして上体の開きを抑える

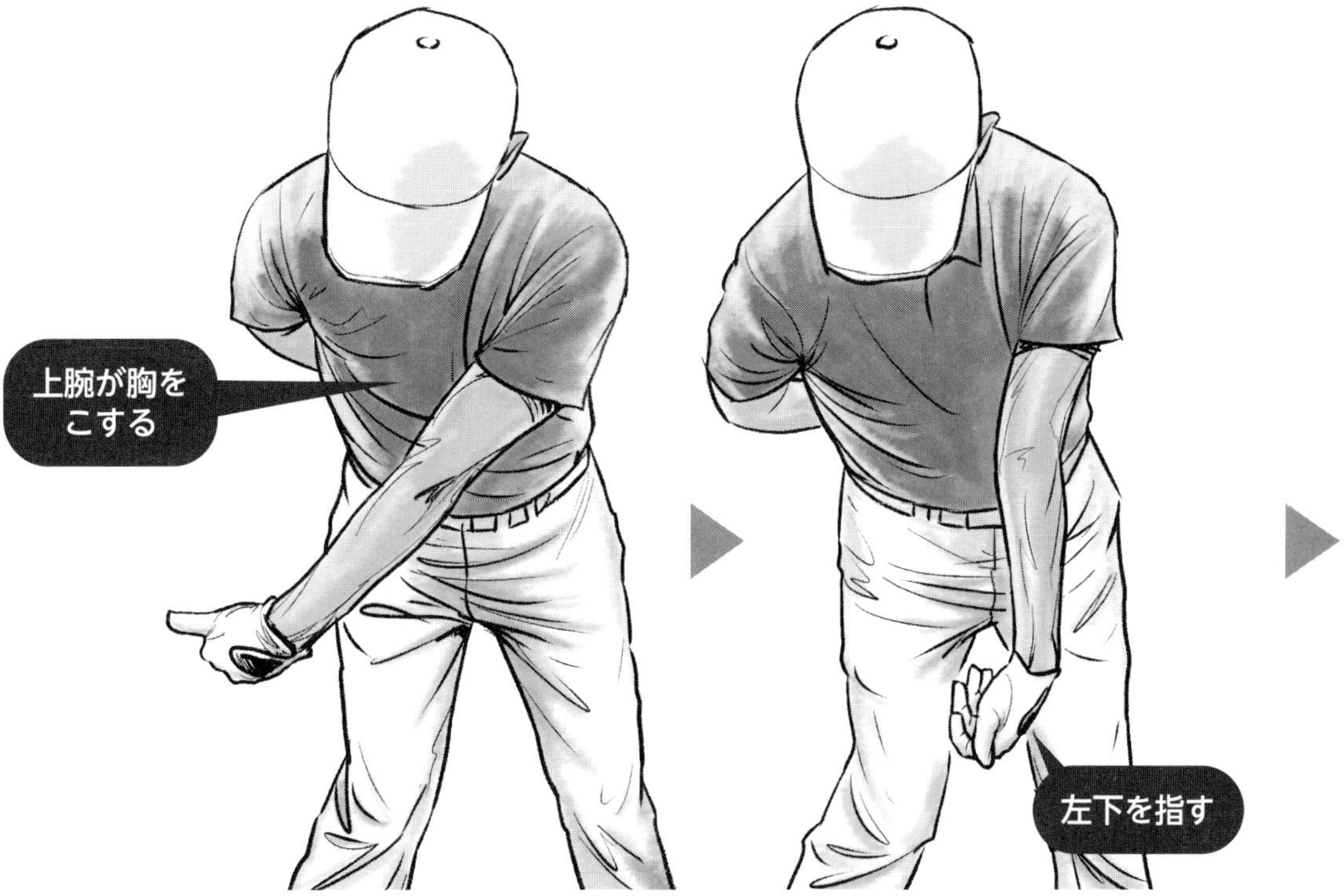

ストロンググリップのインパクト

ハンドファーストを強めて振り抜く

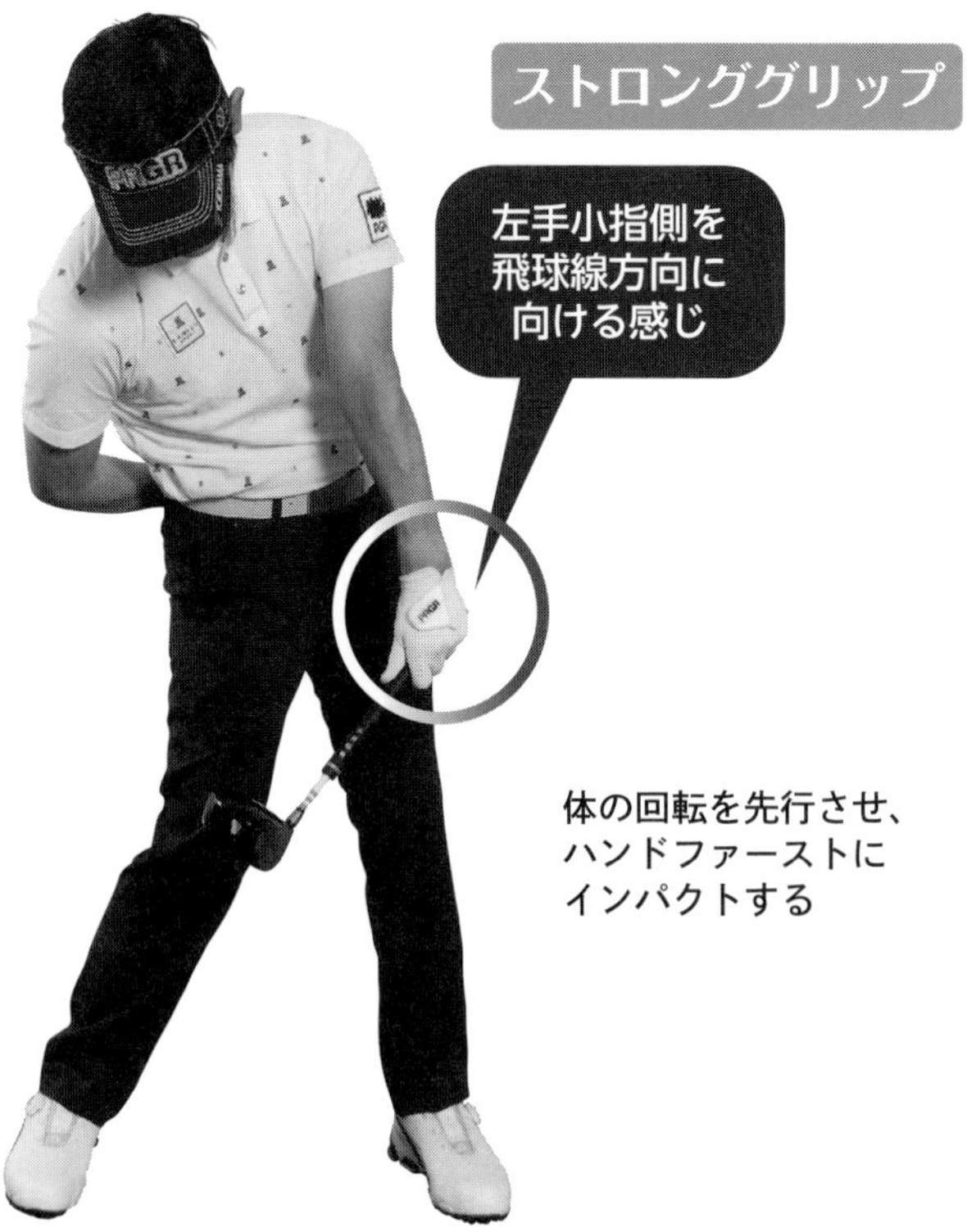
ストロンググリップ
左手小指側を飛球線方向に向ける感じ

体の回転を先行させ、ハンドファーストにインパクトする

インパクト前後で手元が平行移動するように真っすぐ動き、ハンドファーストが強まる

フォローでは左手首が甲側に折れながらフェースターンを抑えて振り抜いていく

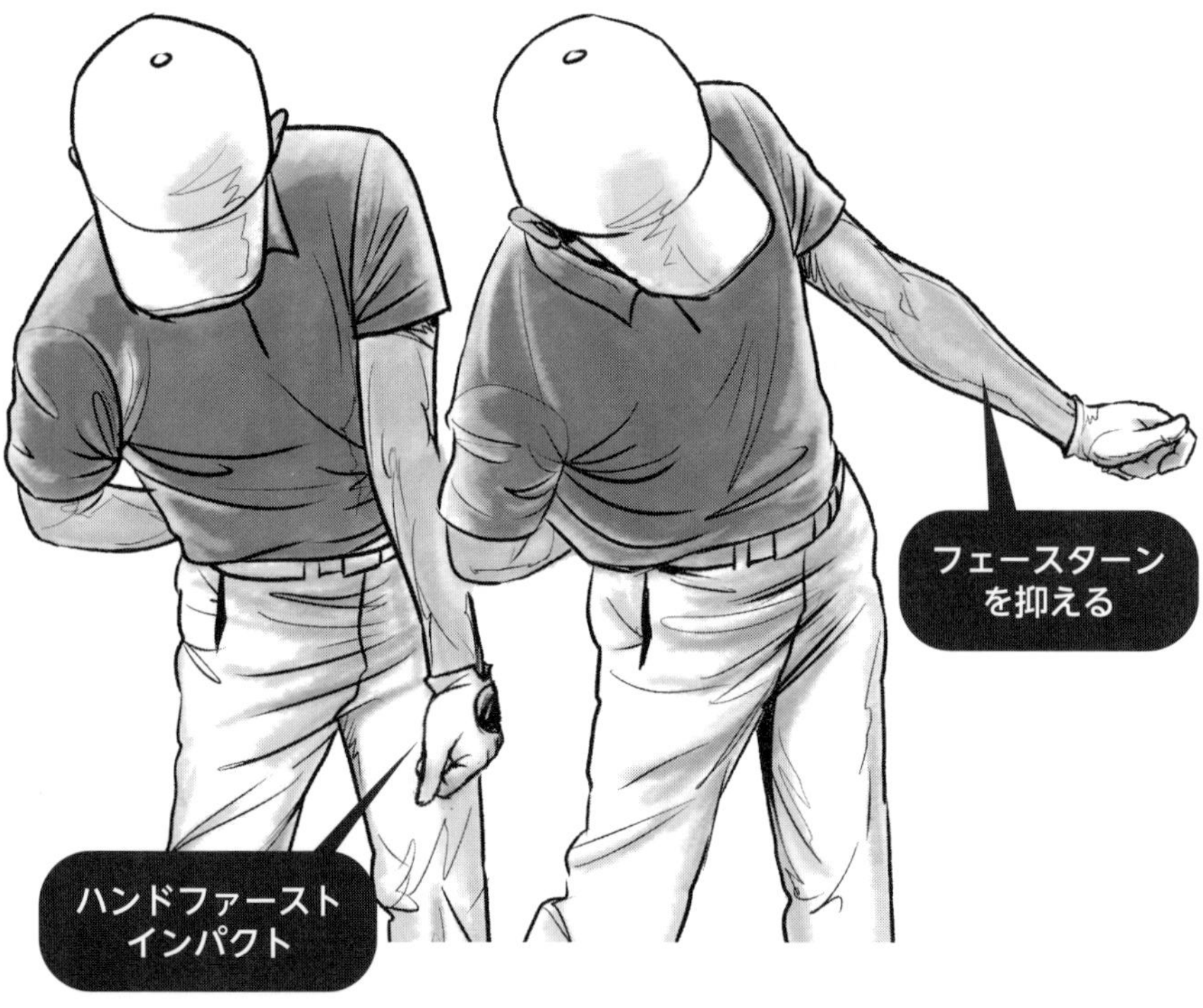
フェースターンを抑える
ハンドファーストインパクト

ストロンググリップの人は、そのままクラブをインパクトゾーンに下ろしてくるとフェースがかぶりやすいので、積極的に体を回転させます。

ウイークグリップの場合と比べると、やや体が開くのを早めて、ハンドファーストが強い状態でインパクトを迎えることでスクエアに戻します。

インパクト直前には左手の甲が正面を向くようなポジションに入り、そのまま小指側を先行させるようにしながらハンドファーストでインパクトし、少しそのままスライドするように動きます。

インパクト後は、左手首を甲側に折るように使ってヘッドが急激にターンしないようにしながら振り抜いていくのがストロンググリップの特徴です。

なお、スクエアグリップは両者の中間。握りがどちら寄りかで、動きもそちらに近づきます。

左手小指側が先行して動いていく

ストロンググリップの左手の動き

ウイークグリップよりも少し体を早めに開く感じで、積極的に体を回していく

左手の甲が正面を向くような状態で、小指側からボールにぶつけるように下ろしてくる

左手甲が正面を向いたまま、ハンドファーストでインパクト。体はやや開き気味でＯＫ

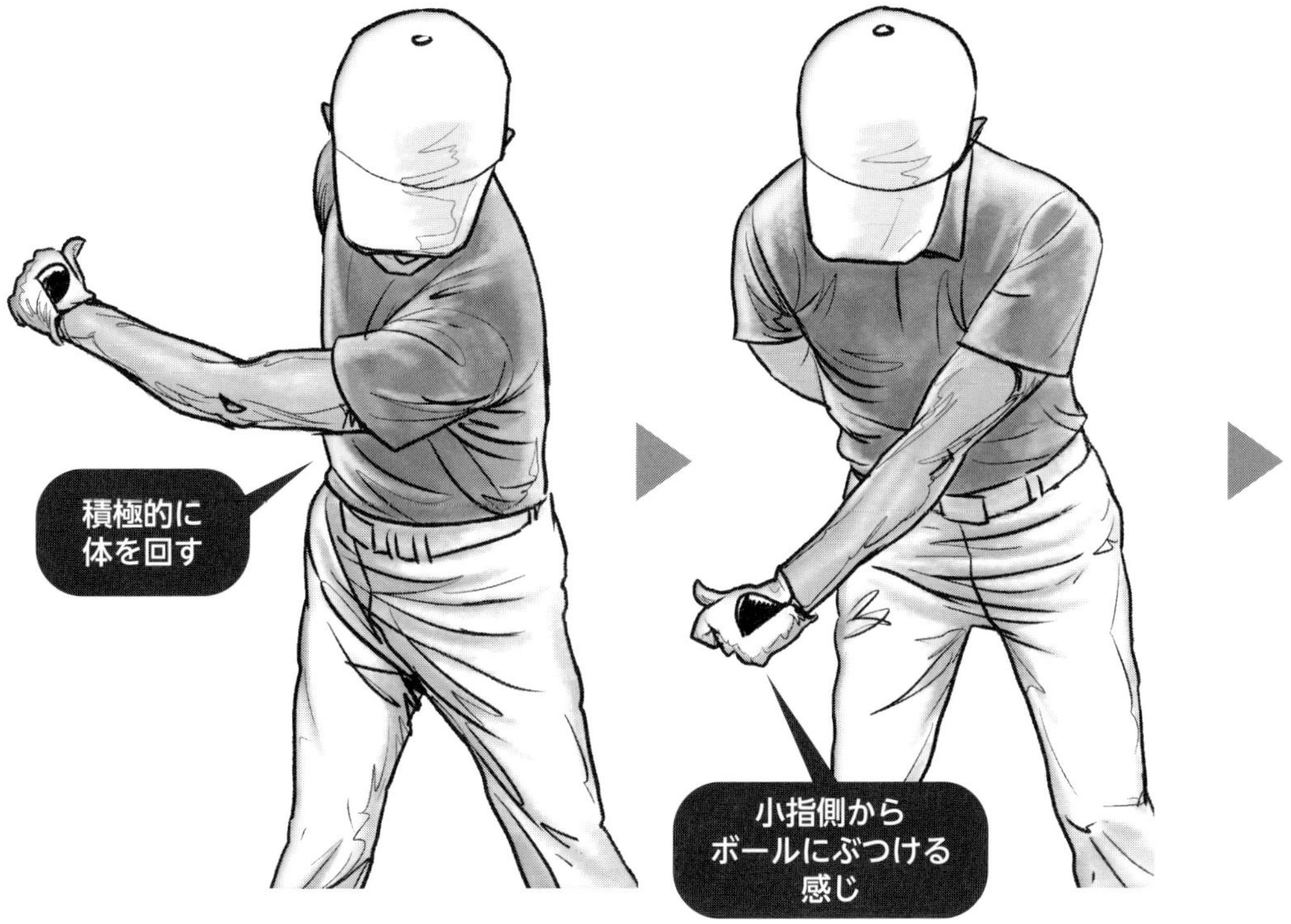
積極的に
体を回す
小指側から
ボールにぶつける
感じ

Shot Control インパクトのイメージ

ヘッドの重心でボールの重心を真後ろから打ち抜く

インパクトをクラブとボールの衝突という面で見ると、スイングのエネルギーがいかに効率よくボールに伝わるようにぶつけるかが重要になります。そのためには、ボールをクラブヘッドの芯でとらえることが絶対条件です。「ボールをクラブヘッドの芯でとらえる」とはどういうことかというと、**「ヘッドの重心でボールの重心を真後ろから打ち抜く」**ということです。

ゴルフスイングにおいてヘッドは円運動をしますが、その弧はある程度大きな半径を持っているので、インパクト前後を切り取って考えれば、ヘッドはほぼ直線的に動いているといえます。つまり**インパクトを点でなくゾーンとイメージし、そのゾーンでボールを飛ばしたい方向とクラブヘッドのベクトルを極力揃え、スクエアフェースでインパクトすることになります。**

ゴルフの場合、ある程度ボールを上方向に打ち出さなければならないのですが、クラブにはそのためにロフトがついていますから、基本的にはスイングでの調節は不要。ですので、お寺の鐘つきのようにヘッドを真後ろから、スイング軌道でいえば、ゆるやかなイン・トゥ・インで、入射角もゆるやかにボールにぶつけるのがもっとも効率がいいインパクトになり、打球をコントロールできます。

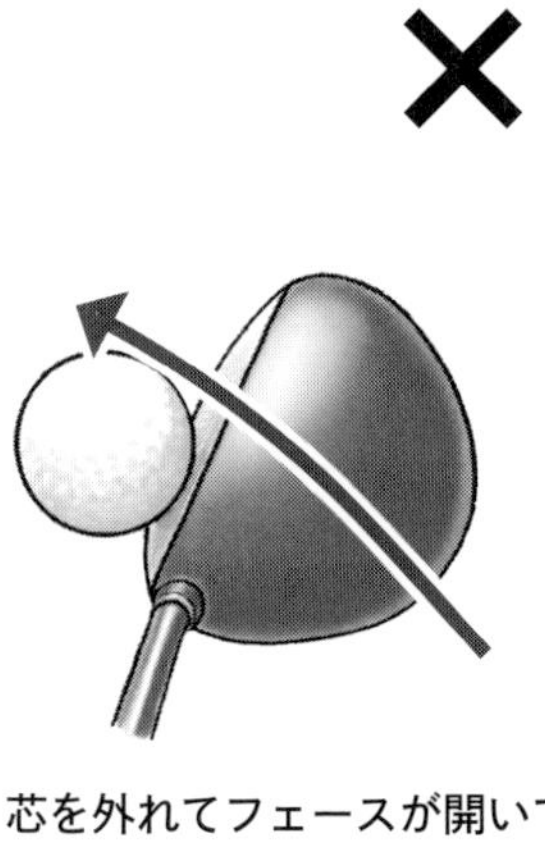

芯を外れてフェースが開いている

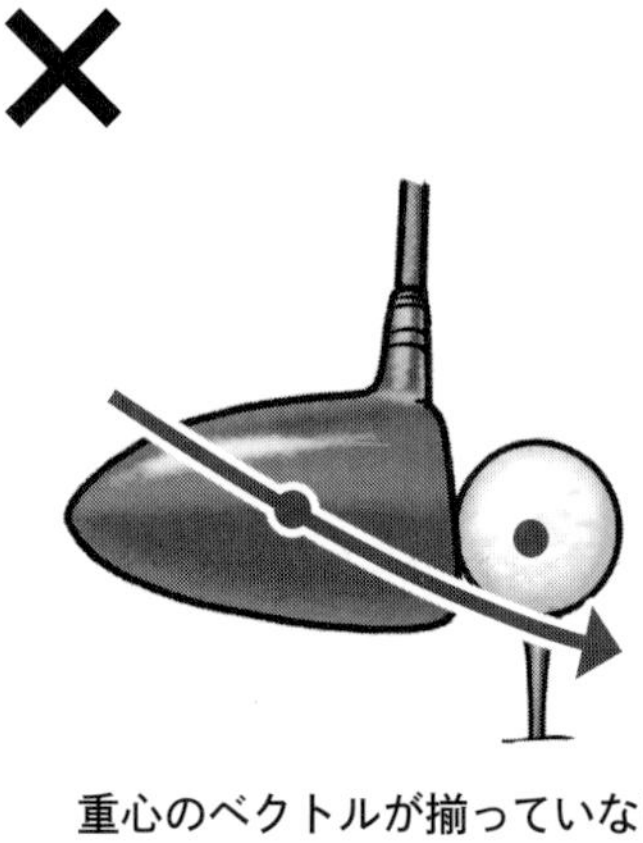

重心のベクトルが揃っていない

ここだけは必ず
CHECK

お寺の鐘をつくようにヘッドをボールに衝突させる

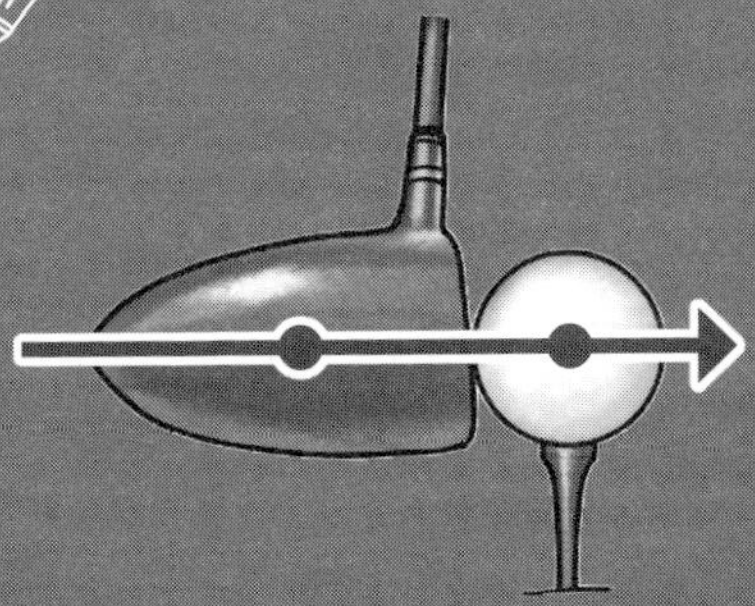

ヘッドの重心でボールの重心を打ち抜く。ロフトのぶんボールは上に飛び出す

インパクトの衝撃でヘッドがブレず、エネルギー効率がいいため曲がらず飛ぶインパクト。ドライバーは少しアッパーでも OK

ボールにサイドスピンはかからない 球が左右に曲がるのは回転軸の傾きが原因

Column 3

なぜボールが曲がるかを考える際に、まず理解してほしいのは、ボールが曲がるのはバックスピン軸の傾きのせいだということです。そもそも強いバックスピンがかかっているボールに、もうひとつ横方向の回転軸が発生することはあり得ません。

バックスピンの回転軸が傾くと、ボールに発生する揚力の向きも傾きます。その結果、ボールは斜め上方向に曲がりながら上昇していくのです。

これは飛行機の旋回にたとえるとわかりやすいかもしれません。主翼の傾きがスピン軸で、機体を右にバンクさせれば右に、左にバンクさせると左に旋回します。打球でいえば前者がスライス、後者がフックです。これが理解できれば、ボールを左右に曲げる場合のインパクトのイメージもしやすいのではないでしょうか。

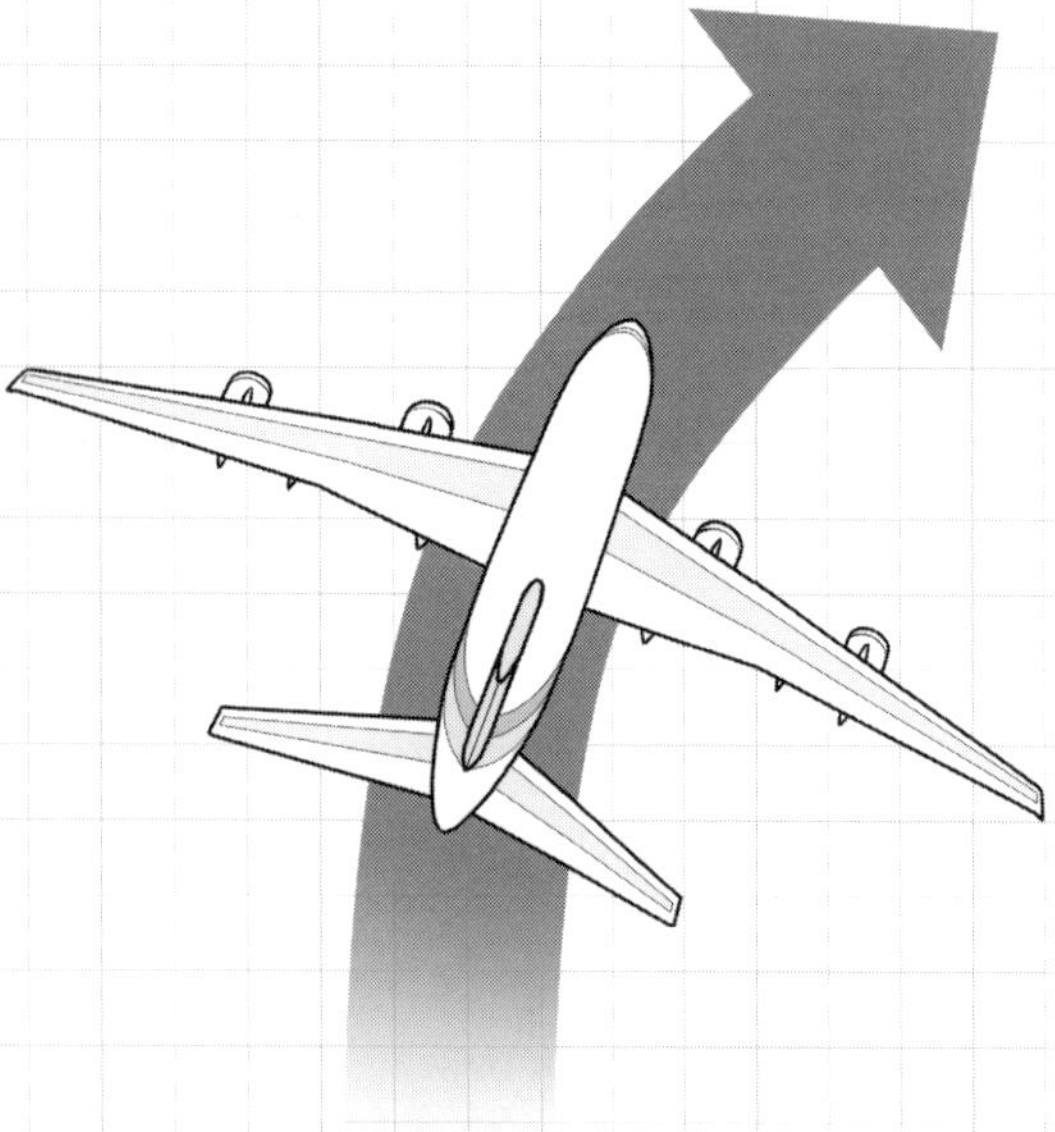

飛行機が方向を変えるときのイメージ

飛行機が旋回するときは、曲がりたい方向に機体を傾ける。これによって、主翼に生じる揚力の発生方向が傾き、飛行機は曲がっていく。この主翼の向きがバックスピン軸だと考えるとわかりやすい

スピンアクシスと曲がり

ボールはバックスピンによって揚力が発生し飛んでいくが、その揚力はバックスピン軸に対してほぼ直角方向に働く。そのためスピン軸が傾けば揚力のかかる方向も斜めになり、そちらに引っ張られるようにボールは曲がっていく

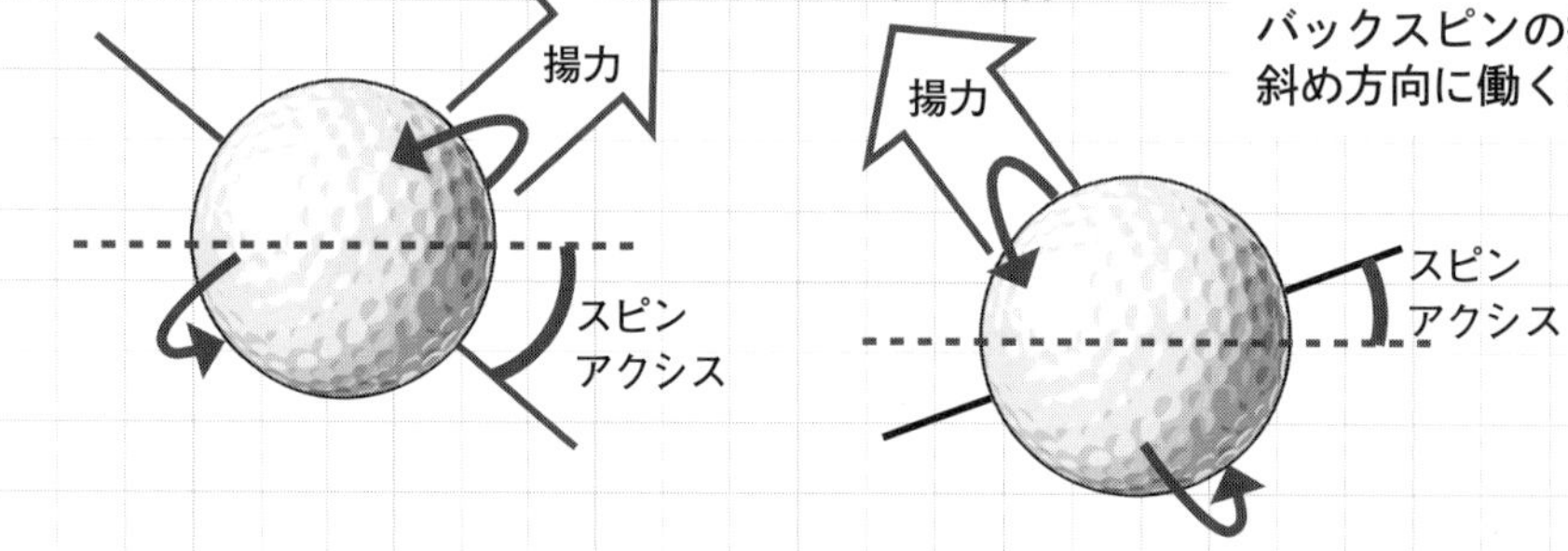

バックスピンの揚力が斜め方向に働くから曲がる

第4章

CHAPTER 4

打った後も疎かにしない! フォロースルー&フィニッシュ

フォロースルーとフィニッシュは、その前段階のインパクト、さらにはダウンスイングに大きく影響される部分。悪いインパクトからよいフォローが生まれることや、よくないダウンスイングがいいフィニッシュにつながることはまずありません。そのためフォロースルーやフィニッシュをスイングのバロメーターと位置付けスイングをチェックするプロもいます。この章では理想的なフォローとフィニッシュについて考察、打球コントロールの総仕上げをします。

Shot Control
フォロースルー＆フィニッシュ

フォロー＆フィニッシュはスイングのバロメーター

フォロースルーとフィニッシュは、ボールを打った後の余韻のようなもので、その形自体は打球に影響を与えません。しかし、スイングとは一連のスピーディな動きですので、インパクトまでの動きは自然とフォローやフィニッシュにも連動してきます。

実際、**フォローやフィニッシュを意識することで、その過程であるダウンスイングやインパクトを改善することは可能ですし、そういったイメージでスイングしているプロも多くいます。**

インパクトからフォロースルーにかけては、そこまで貯めに貯めてきたスイングのエネルギーを一気に解放するセクションとなります。

ここだけは必ず CHECK

貯めた力を解放してヘッドを加速させながら大きな遠心力を発生させる。上級者は例外なくフィニッシュのバランスがいい

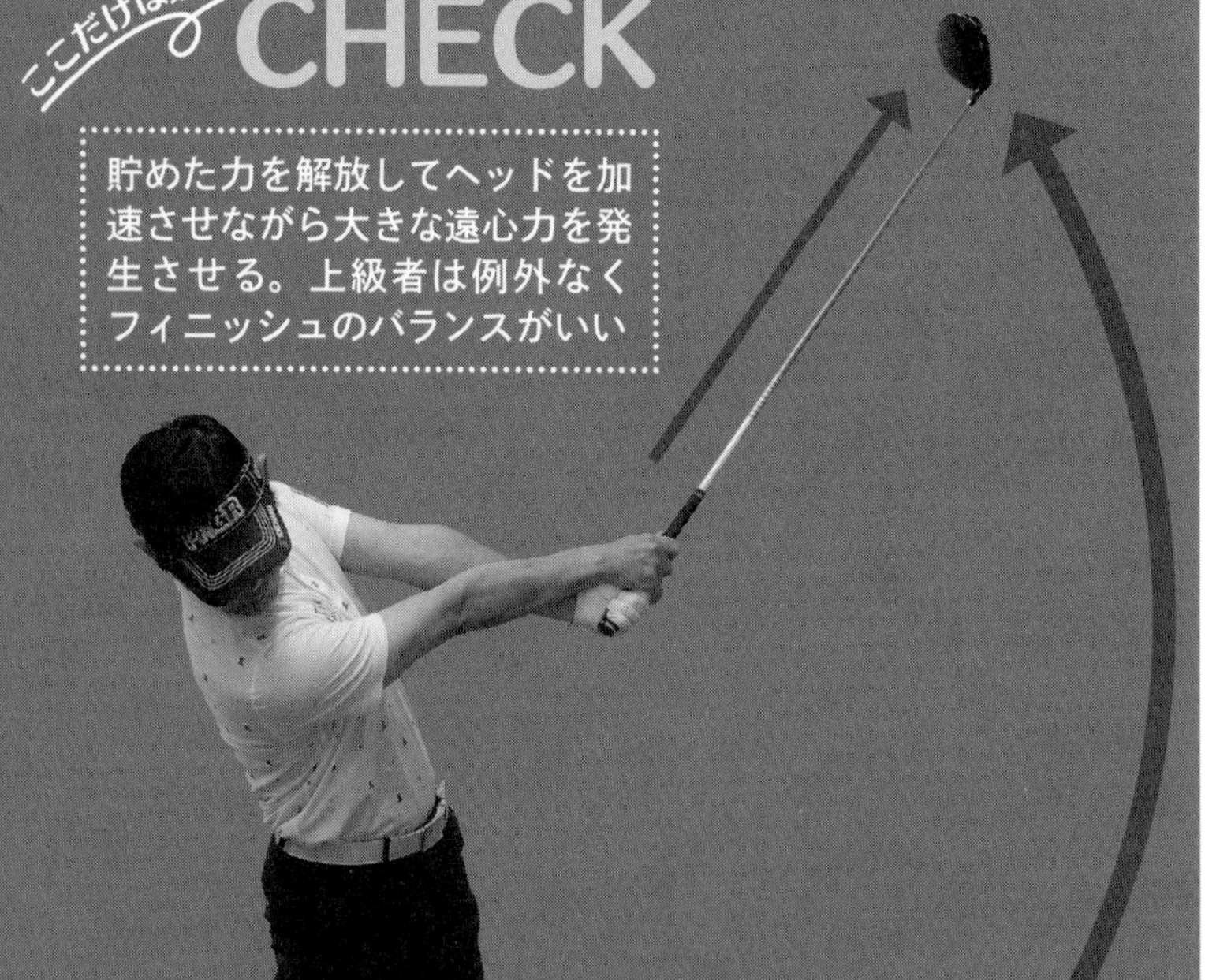

×

フォローが詰まったり引けたりすると、ヘッドはスムーズに加速しない

エネルギーの解放とは具体的に何なのかといえば、クラブヘッドの加速です。ボールをヒットするクラブヘッドを加速させながら、できるだけ速いスピードでボールにぶつけるためのアクションと考えてください。

物体が加速するためには、できるだけ直線的にスムーズに動くほうが効率がいいことはわかると思います。ですので、パワーの解放をスムーズに行えれば、おのずと方向性もよくなります。

フォロースルーが「詰まっている」とか「引けている」などといわれる状態は、この解放が上手に行われていない状態。体の動きが悪くて解放していくべきフォロー方向に動きの妨げになる部分があると、ヘッドの加速が不十分になってエネルギー効率が悪化し、飛距離は出ずに球も曲がります。

スムーズにフォロースルーするにはそこだけ意識してもダメ。ダウンスイングの最終段階からの一連の動きとして考えて、はじめてフォローの形が整っていくものと考えてください。

貯めてきたエネルギーを一気に解放するセクション

パワーを解放してヘッドがスムーズに加速すれば、よどみなく一気に振り抜ける。その結果、飛距離も出れば方向性も確保できる

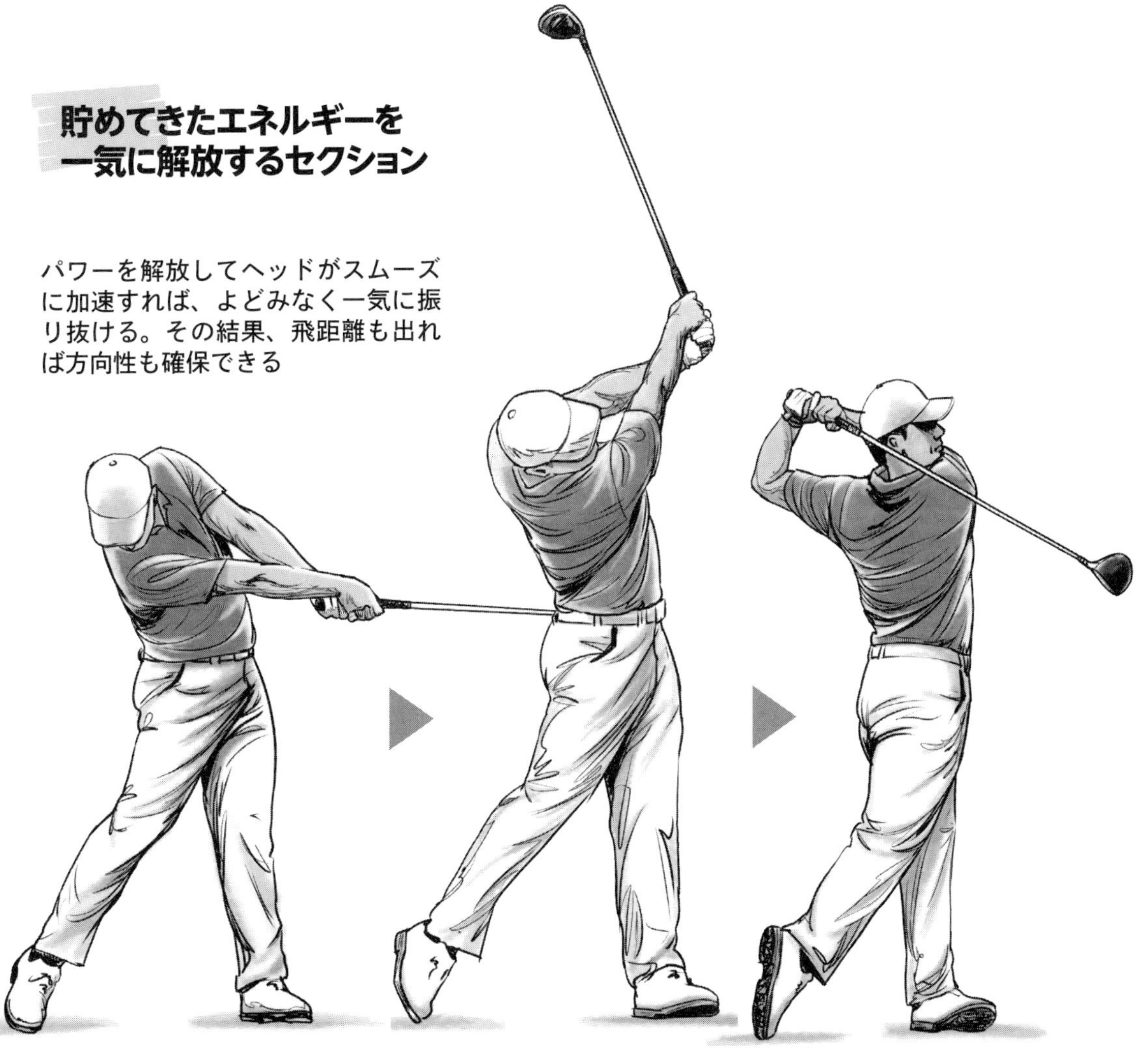

Shot Control
フォロースルー&フィニッシュ

ひざの伸展が回転を促進。曲がった左ひざが伸びながらフォローへ

エネルギーの解放の原動力となるのは下半身の動き。もちろん、腕や上体でも解放は行われていきますが、それらのきっかけでもあり、ヘッドの加速のエンジンとなる力は、下半身が生み出します。

その主となるのは、**ダウンスイングで曲げたひざを伸ばしながらジャンプするような動きです。**

インパクトの直前に、両ひざを一気に伸ばすことで、下りてきた腕とクラブを加速させ、目標方向に放り出すように振り抜いていきます。

5円玉をひもで吊るした振り子を加速させようとするときには、5円玉が軌道の最下点にくる直前に、ひもを持っている手元部分をクイッと持ち上げるように動かすと思います。そのときの手元の動きは、小さくスピーディなほうが5円玉がスムーズにかつ大きく振れていきます。ゴルフスイングにおいては、下半身がこの役割を果たすというわけです。

この脚で蹴る動作は、上体の前傾をキープしたまま行わなければなりません。そのため、お尻の位置が前に出ないように、体の前側、つま先側で蹴るのがポイントです。上体が起きやすい人にとっては、前傾を深めながら蹴るくらいの感覚があってもいいかもしれません。

振り子を加速させるのと同じ

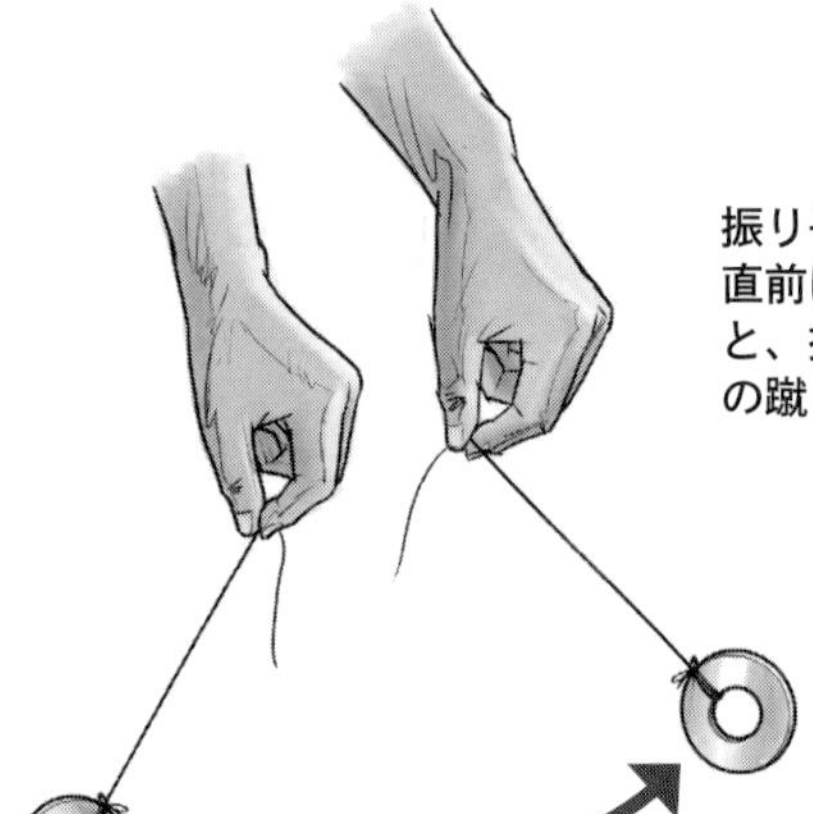

振り子の先端が最下点に達する直前に、手元をクイッと上げると、振り子は加速する。下半身の蹴りも同じ効果がある

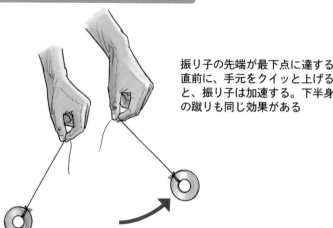

ここだけは必ずCHECK

左ひざが伸びるとそれに伴って
腰も回転する

フォローで振り子を加速させる原動力

右脚を内旋させつつ伸展させてパワーを出す

ダウンスイングからフォローにかけての右脚の蹴りは、大きなパワーを出さなければならないドライバーショットの場合はとくに重要です。

バックスイングからトップにかけて折り込まれた右の股関節を伸展しながら、右脚を内旋させつつ斜め後ろ方向に蹴っていきます。するとトップで曲がっていた左ひざも自然と伸び、これに伴って腰も回転してフォロースルーに向かってクラブが加速しながら振り抜かれていきます。

このとき飛ばし屋の選手は、両足のかかとが浮いたり左足のつま先が外を向くように動くケースもありますが、これはあくまで大きなパワーを出そう

ここだけは必ず CHECK

折り込まれた右股関節を伸ばしつつ、右脚を内旋しながら地面を強く蹴ってパワーを出す。このとき、左ひざも伸びていく

とした結果。方向性を重視した動きでは、インパクト時に一度浮いた右足のかかとがもう一度地面につくように押し込まれる「ダブルブロック」の動きなどが見られます。

大きなパワーを出すのは右脚。蹴りで回転力を高める

飛ばし屋の選手は、パワーを出した結果、両足のかかとが浮いたり左足のつま先が外を向くように動くことも

右股関節が伸展していく
斜め後ろ方向に蹴る

ヘッド・ビハインド・ザ・ボールでクラブと体が引っ張り合う形にする

右脚を蹴って体を回転させながらも、右脚のテンションを抜かずに地面に圧をかけ続ける。これによって、体の右サイドが前に出すぎずに「粘る」ことができると、フォローで腕やクラブと右脚が引っ張り合うような状態になります。

ゴルフスイングは回転運動ですので、この右サイドの粘りがないと軸が目標方向に流れてしまい、ヘッドも加速しませんし軌道も乱れます。遠心力は、運動の中心と引っ張り合いながらでなければ生じないのです。

これによって、頭をボールよりも後方に置いておくという「ヘッド・ビハインド・ザ・ボール」の状態が作られます。

これは、おそらくプロゴルファーが100人いれば100人がそうなっているであろうスイングの数少ない「基本」のひとつ。スイングの必須条件ですので必ず守ってください。

右ひざが前に出ないように粘りながら右脚を蹴ることで右サイドの「粘り」が生まれる

フォローで右ひざが前に出てくると、クラブと体が引っ張り合う形にならない

ここだけは必ず CHECK

「ヘッド・ビハインド・ザ・ボール」はすべてのゴルファーが共有すべき必須条件

フォローでは頭をボールより後方にキープ

Shot Control
フォロースルー&フィニッシュ

フォローでもひじは下向き 左ひじをたたんで腕をローテーション

フォロースルーでは、体の左側に向かってヘッドを大きく放り出し、大きなアークで振り抜くことも非常に重要です。

ただし、大きく振り抜くといっても、両腕を伸ばしてハンマー投げのように振っていくわけではありません。

左ひじをたたみながら、ヘッドがきれいな円を描くように振り抜いていくことで、遠心力のエネルギーを無駄なくヘッドスピードに変換することができます。

ポイントは、左ひじの向き。これまで同様、フォローでもひじを下に向けておくことで、腕と胴体が同調し、クラブが自然と軌道に乗ってスムーズに抜けていきます。

左ひじがこのポジションに収まれば、フォローでは左前腕が外旋しながら左手首が甲側にヒンジされ、自然なフェースローテーションで球をつかまえられます。

ひじのポジションが悪いと、左肩が上がって左肩と首の距離が詰まります。フォローでは左肩を低く保つように振り抜いてください。

×

○

ひじのポジションが正しくないと左肩が上がり、左肩と首の距離が詰まる

左肩を低く保って背中側に振り抜く

左ひじを下に向けたまま、左手の甲が下を向くようにローテーションしていく

ここだけは必ず CHECK

左わきに軽く挟んだ右手の上を左上腕がなぞるように外旋していく

Shot Control

フィニッシュ

胸が反対側を向くまで回りボールが止まるまで見送れる形

フィニッシュで重要なことは、最後まで振り切れていること。ここまでの動きに問題があってスムーズさを欠くと最後まで振り抜けません。

たとえば、ドライバーでもシャフトが立ったままのフィニッシュになっているアベレージゴルファーは多いですが、これは手首がうまく使えておらず、突っ張って振り抜けないか、スイング軌道が悪いせいで振り抜いた結果そこで止まってしまっているせいです。

回転量には個人差がありますが、クラブを横にして胸の前に持ってシャドースイングをしたときに、クラブが180度回った状態が目安です。このとき、両手の間隔を肩よりも広めにするのがポイントです。背中が丸まらず、両ひじが下を向いて胸を張るような位置に振り抜きましょう。

このとき左脚はピンと伸び、ほぼ左足1本で立っている状態。右足はつま先立ちです。左肩が深く入っていて、両内ももがピッタリとくっついているのが理想です。

フィニッシュでは、バランスを崩さず静止できることも大事です。静止していられないということは、スイングの軸が安定していない証拠。打ったボールが地面に落ちて止まるまで見ていられるくらい、バランスのいいフィニッシュを目指してください。これができれば打球はコントロールできます。

回転量が不足したり、バランスを崩すときれいなフィニッシュに収まらない

ここだけは必ず
CHECK

打ったボールが落ちて止まるまで見ていられるようなバランスでピタッと止める

胸を張って両内ももが密着する

左耳の後ろまで振り切る
バランスを崩さずピタッと静止
両内ももがくっついている
背中が丸まらず１枚の板状
右足に体重はかけずつま先立ち

クラブを胸の前で持って、上体が 180 度回るまで振り切る。この形から両手でグリップを作ったポジションがフィニッシュだ

内藤 雄士（ないとう　ゆうじ）

◆プロフィール
ゴルフコーチ・ゴルフアナリスト

1969年生まれ。日本大学ゴルフ部在籍中にアメリカにゴルフ留学し、最新ゴルフ理論を学ぶ。帰国後、ゴルフ練習場ハイランドセンター（杉並区・高井戸）にラーニングゴルフクラブ（LGC）を設立し、レッスン活動を始める。1998年、ツアープロコーチとしての活動を開始。2001年には、マスターズ、全米オープン、全米プロのメジャー大会の舞台を日本人初のツアープロコーチという立場で経験する。丸山茂樹プロのツアー3勝をはじめ、契約プロゴルファーの多数のツアー優勝をサポートしてきた。
現在は様々なゴルフ媒体への出演や、一般財団法人丸山茂樹ジュニアファンデーションで理事を務めるなどジュニアゴルファーの育成にも力を入れている。また、PGAツアーを中心に、ゴルフアナリストとしても活動している。株式会社ハイランドセンター代表取締役、東京ゴルフ専門学校理事長。
著書に『内藤雄士の本当に大事なゴルフの基本 SWING編』（河出書房新社）他多数。
X（旧Twitter）は@NYSG918、インスタグラムは@naitoyuji_official

※本書は『ゴルフ スイングバイブル』『ゴルフ 現代スイングの結論』の内容を再編集したものです。

内藤雄士《ないとうゆうじ》の本当《ほんとう》に大事《だいじ》なゴルフの基本《きほん》　打球《だきゅう》CONTROL編《へん》

2024年3月20日　初版印刷
2024年3月30日　初版発行

著　者……内藤雄士

発行者……小野寺優

発行所……株式会社河出書房新社
〒151-0051　東京都渋谷区千駄ヶ谷2-32-2
電話03-3404-1201（営業）03-3404-8611（編集）
https://www.kawade.co.jp/

撮影……富士渓和春、井出秀人、圓岡紀夫
イラスト……鈴木真紀夫
協力……岸 和也、鈴木康介、三代 崇、ハイランドセンター、One For One Management
ブックデザイン・組版……原沢もも
編集……菊池企画
企画プロデュース……菊池 真

印刷・製本……三松堂株式会社

Printed in Japan　ISBN978-4-309-29388-2